Missing Parts of History, the Great Women.

Missing Parts of History, the Great Women.

잊혀진 여성들

잊혀진 여성들

지은이 백지연, 윤혜인, 조유진
펴낸이 임상진
펴낸곳 (주)넥서스

초판1쇄 인쇄 2020년 12월 24일
초판1쇄 발행 2020년 12월 30일

출판신고 1992년 4월 3일 제311-2002-2호
10880 경기도 파주시 지목로 5
Tel (02)330-5500 Fax (02)330-5555

ISBN 979-11-91209-55-6 03300

가격은 뒤표지에 있습니다.
잘못 만들어진 책은 구입처에서 바꾸어드립니다.

이 도서의 국립중앙도서관 출판예정도서목록(CIP)은 서지정보유통지원시스템
홈페이지(http://seoji.nl.go.kr)와 국가자료공동목록시스템(http://
www.nl.go.kr/kolisnet)에서 이용하실 수 있습니다. (CIP제어번호 :
CIP2020053114)

www.nexusbook.com

우리가
꼭
기억해야 할
12인의
위인들

백지연·윤혜인·조유진 지음

지식의숲

그, 그남

한국어에는 본래 '그녀'라는 대명사가 없었다. '그'는 한국어이고 '녀'
는 한자어다. '그녀'라는 말의 어원은 일본이다. 서양 문물을 받아들이
던 일본인은 영어 'She'를 '가노조(彼女)'라 번역했는데, 이는 남자를
뜻하는 '가레(彼)'에 조사 女를 붙인 것이다.

이 시기 일본에 머물던 소설가 김동인은 우리말에는 이와 같은 'She'
에 해당하는 주격 명사가 없음을 아쉬워하다가 '가노조(彼女)'를 본떠
'그녀(그+女)'라는 의존적 소유대명사를 떠올렸다.

역사가 깊지 않은 어휘고 성별에 상관없이 '그'라는 단어로 지칭이 가
능하지만, 우리는 일상생활에서 '그녀'를 너무도 많이 사용한다. 남성
과 구분을 지어서 얘기해야 한다는 게 사용의 주요 이유다.

사실 '그'에는 남자라는 의미가 포함돼있지 않다. 광범위하게 대상을
지칭하는 대명사로 사용할 수 있기 때문이다. 그렇다면 남성을 '그남'
으로, 여성을 '그'로 표현하는 건 어떨까? 그렇게 표기해도 호칭에 있
어 크게 문제가 될 일은 없어 보인다. 따라서 이 책에서는 여성을 '그',
남성을 '그남'이라 표현하고자 한다.

남배우, 남의사, 남건축가, 남류화가 등
기준이란 중요하다. 사람은 대개 기본을 근거로 하는 기준을 통해 정
상과 비정상 혹은 좋고 나쁨을 판단한다. 우리의 일상에서 기준 즉 기
본형은 남자다.

최근 많은 이들의 노력으로 나아지고 있기는 하지만, 여전히 뉴스 기
사 또는 여러 매체에서 여성을 언급할 때 '女'를 붙여 표현한다. 어원에
대한 정확한 인식 없이 습관적으로 혹은 편의에 의해 남발되고 있다.
'그녀'가 국민의 기본형이 아니라는 것을 알게 되면 쉽게 붙일 수 없는
수식어일 것이다.

이 책은 여성 위인을 다루는 책이기에 모든 기준은 당연히 여성이다.
따라서 남성을 지칭할 때에는 인류 평등의 관점에서 '남'이라는 수식
어를 붙여 표현한다.

차
례

　　최근 유튜브나 블로그 같은 다양한 매체를 통해 자신의 삶을 개척하고 있는 여성의 이야기가 쏟아져 나오고 있다. 태어나자마자 일과 가정을 수호할 책임을 짊어진 여성의 경우, 자의든 타의든 사회에서 살아남을 확률이 현저히 적다는 것을 우리는 잘 알고 있다. 여성은 기회가 불공평한 사회에서 겪지 않아도 될 차별을 겪으면서 입 밖으로 꺼내기도 힘든 피해를 입는 경우가 다반사다. 또는 빛을 발하기 직전에 사라지는 경우가 남성들보다 '확률적으로' 높다.

　　자라나는 아이들은 사회에서 고군분투하는 여성의 모습을 보면서 스스로 현실의 한계를 극복하고 자신만의 역사를 일궈낼 힘을 얻는다. 하지만 그가 '슈퍼우먼'에 근접한 사람임을 아는 순간, 나와 비슷한 인생을 살아온, 길잡이가 아닌 인간의 한계를 초월한 존재로 인식된다. 그리고 대부분 롤모델이 걸어온 발자취를 그대로 밟아야 할 것만 같은 이유 모를 압박감에 휩싸인다. '슈퍼우먼'은 그렇게 내 인생의 앞잡이로서의 탁월함을 잃는다. 또한 최근 비혼이라는 개념이 출현하면서 젊은이들의 인식이 빠르게 바뀌었다. 그래서인지, 미디어에서 비치는 성공한 '슈퍼우먼'들의 서사는 어쩐지 현시대와 동떨어진 고전 동화나 신화 속 이야기처럼 느껴지기도 한다.

몇 달 전, 롤모델을 절박하게 찾아 헤매다가 비슷한 경험을 했다. 서점을 둘러보던 중 발견한, '유색인종 최초의 영부인'이라는 광고 카피는 내 눈길을 사로잡기에 충분했다. 바로 미셸 오바마의 《비커밍(2018)》이었다. 우리에겐 영부인이라는 타이틀로만 알려져있지만, 그는 프린스턴대학교와 하버드 로스쿨 출신이자 초대형 로펌의 잘나가는 변호사였다. 그래서 사회적 한계를 뛰어넘어 차곡차곡 커리어를 쌓아온 모습이 그려질 거란 막연한 기대를 품고 책을 읽기 시작했다. 그러나 책의 중간 쯤부터 그가 일과 육아에 지쳐 남편과 갈등을 겪고, 결국 가족을 위해 가정주부가 되는 서사가 펼쳐졌다. 순간 당혹스러움과 의아함이 머릿속을 가득 채우기 시작했다.

오바마는 혼자 힘으로 대통령이 될 수 있었을까?
미셸도 대통령이 될 수 있지 않았을까?

오바마는 사회적 장애물을 뛰어넘은 유망한 여성에게 가정주부가 될 것을 요구했지만, 비난으로부터 자유로웠을 뿐만 아니라 자신을 보좌할 여자를 잘 골라 성공을 거머쥔 야망 있는 남자로 포장됐다. 그리고 동시대를 살아가는 비슷한 처지의 사람들에게 추앙받는 롤모델로 거듭났다.

미셸의 꿈은 처음부터 대통령이 아닌 영부인이었을까. 그의 원대한 가능성이 타인에 의해 축소된 것은 아닐까. 누군가 그의 재능을 진심으로 아까워할 것이라는 생각을 떨칠 수 없어 책의 서평을 샅샅이 찾아봤다. 결과는 암담했다. 모두 한 치의 망설임도 없이 미셸에게 여성의 완벽한 롤모델이라는 꼬리표를 달아줬기 때문이다. 이와 같은 일이 내게도 닥칠지 모른다는 불안감으로 도저히 책을 읽어나갈 수 없었다.

이 시대 남성에게 롤모델을 찾으라고 한다면 대부분 '사회적 성공' 혹은 '경제적 성공'을 주된 기준으로 고려할 테지만, 여성들의 경우 이에 터무니없는 기준들이 추가된다.

"일과 가정의 양립을 얼마나 완벽하게 지켰는지"
"여성의 사회적 성공에도 불구하고, 아이는 사랑받으며 잘 자랐는지"
"도덕적으로 올바른 기준을 가지고 살아왔는지"

이처럼 여성에게만 강요되는 기준 때문에 현대 사회에서 여성의 성공이란 개개인의 역량으로는 불가능한 영역에 가깝게 보인다. 게다가 사회는 문제의식이 부족해 여성에게 '이 모든 것을 충족할 수 없다면, 허튼짓하지 말고 가정으로 돌아가 양육과 가사에 전념하라'는 메시지를 마구잡이로 흩뿌린다. 그 강력한 메시지는 여성의 내면에 깊이 스며들고, 이를 중력처럼 받아들인 개인은 무의식적으로 사회가 허락한 욕망만을 품고 살아가게 된다. 이렇게 내면에 주입된 사상은 개인의 삶에 브레이크로 작용해 개인의 꿈을 제약한다.

우리는 이러한 현상의 주된 원인 중 하나가 시대적인 시각의 부재라는 결론을 내렸다. 그렇기에 '잊혀진 여성들'을 다양한 방면으로 재해석해 꿈을 품은 이들의 가슴 깊숙한 곳에 심어줘야겠다는 사명감에 불타올랐다. 롤모델은 방황의 시기에 우리를 단단히 붙잡아주는 밧줄 역할을 할 뿐만 아니라 불공평한 사회구조에 균열을 낼 혁명의 움직임에 생명력을 불어넣기도 한다. 견고한 사회적 장벽을 무너뜨리고 역사에 이름을 새긴 그들의 가치가 널리 전파돼, 자신과 비슷한 롤모델을 찾다가 지친 사람들에게 따뜻한 위로가 되기를 바라며, 눈부신 가능성을 품은 이 세상 모든 여성에게 이 책을 바친다.

PART 1

불굴의 투쟁가

첫 번째

미투 운동의 시초,
아르테미시아 젠틸레스키

Artemisia Gentileschi

1593-1652

예술가·최초의 여성주의 화가·성폭력 생존자

'시대를 앞서간 여성 화가' 하면 나혜석[1]이나 프리다 칼로[2]를 떠올리는 사람이 많을 것이다. 하지만 400년 전으로 거슬러 올라가 보면, 소수의 남성 화가들만 활동하던 초기 바로크 시대에 최초의 '페미니즘' 화가가 있었다. 이탈리아 출신의 아르테미시아 젠틸레스키(Artemisia Gentileschi), 그의 삶은 17세기 여성으로서는 이례적으로 독립적이었고, 전문 직업인으로서는 성공적이었다. 여성이 미술을 공부하는 것이 허락되지 않던 시대에, 23살의 나이로 권위 있는 미술 기관인 피렌체 미술 아카데미에서 최초 여성 회원으로 인정받았기 때문이다. 게다가 그는 여성 화가 최초로 역사화나 종교화를 그렸다. 당시 여성 화가에게는 초상화나 꽃 정물화가 적합한 주제로 여겨졌고 남자 모델은 쓸 수조차 없는 열악한 환경이었지만 아르테미시아는 그 범주를 거부하며 자신만의 위치를 확립했다.

아르테미시아는 르네상스[3]의 대가로 불리는 미켈란젤로[4], 라파엘로[5]와 경쟁하던 화가였음에도 불구하고 오랫동안 잊힌 화가에 속했다. 그러다 1970년대 페미니즘 미술 평론가인 린다 노클린[6]이 《왜 위대한 여성 화가는 없는가?》라는 책에서 그를 언급함으로써, 그의 이름이 대중에게 알려졌다. 또한, 여성의 역할을 재정립하는 페미니즘 물결이 거세지면서 수세기 동안 잊혔던 그는 불멸의 화가로 재조명됐다. 남성 중심적이고 여성 배타적이었던 시대에 따라올 고통을 알면서도 사회의 금기를 깨부 쉈던 아르테미시아는 화려한 성공을 거머쥔 불굴의 여성일 뿐만 아니라 성폭력 피해의 아픔을 예술로 승화시킨 천재 예술가로 평가되고 있다.

그에게 적합한 수식어는 '시대를 앞서 간 비운의 천재'가 아닐까?

내 딸의 그림 솜씨는 견줄 만한 화가가 없다고
자신 있게 말할 수 있을 만큼 뛰어나다.
_**오라치오 젠틸레스키**

수산나와 두 장로

아르테미시아는 1593년 7월 8일 이탈리아 로마에서 태어났다. 그의 모친, 프루덴디아 몬톤은 그가 12살이 되던 해에 남동생을 낳다가 세상을 떠났고, 그의 부친은 유명한 화가인 오라치오 젠틸레스키(Orazio Gentileschi, 1563-1639)였다. 아르테미시아는 부친의 화실에서 처음으로 회화를 접했고, 그의 남동생들보다 훨씬 뛰어난 재능을 보이기 시작했다. 그의 가능성을 일찍 알아본 부친은 드로잉과 유화뿐만 아니라 당시 유행하기 시작했던 카라바조 풍의 강렬한 명암법과 색감을 전수했다. 아르테미시아는 이러한 화풍과 회화의 주제를 자신만의 독특한 방식으로 해석하는 천재적인 면모를 보여줬다. 오라치오는 아르테미시아의 그림에 대한 칭찬을 입이 마르도록 했고, 자신의 분신처럼 여겼다. 그렇지만 동시대 남성 비평가들과 남화가들은 아르테미시아의 천재성을 인정하면서도, 여자가 저런 재능을 가졌다는 이유로 괴물이라며 수군거렸다.

1599년 9월 11일, 로마의 산탄첼로 다리 광장에서는 부친의 성 학대에 못 이겨 부친을 살해한 여성과 가족의 처형이 있었다. 그날 처형장에 앞자리에는 많은 화가가 자리를 잡았는데, 그중에는 오라치오와 아르테미시아도 있었다. 이때, 아르테미시아는 멀리 제노아에서 온 젊은 화가 아고스티노 타시

(Agostino Tassi, 1578-1644)와 처음 안면을 트게 된다.

　이후, 아르테미시아는 부친인 오라치오의 그림 모델로도 활동하기 시작했다. 그는 타고난 표현력 덕분에 남성 예술가들 사이에서도 꽤 유명하고 인기 있는 모델이 됐다. 1611년, 타시는 다시 로마에 왔고, 모델로 활약하는 아르테미시아를 멀리서 지켜보기 시작했다. 심지어 아르테미시아가 남학생들과 어울릴 때마다 어디선가 나타나 사사건건 훼방을 놓았다. 아르테미시아는 17살에 완성한 작품, 〈수산나와 늙은 두 장로〉에 그 불쾌함을 내비쳤다. 구약성서에 나오는 수산나와 늙은 장로 이야기는 고전 회화의 단골 주제 중 하나였다. 여자의 누드가 금기되던 당시, 성경을 매개로 여자의 누드를 그릴 기회였기 때문이다.

　그림에도 드러나듯이 아르테미시아가 몰두한 주제는 여남(女男) 사이의 폭력이며 증오심이다. 수산나의 경직된 다리 근육, 두 노인을 피하려는 양팔과 손이 두드러지고 생생한 수산나의 표정은 짜증과 혐오가 교차한다. 그림 속 검은 곱슬머리 남자가 수산나를 만지려고 한다. 흰머리의 남자는 손을 입에 가져간다. "쉿!" 공범에게 조용히 하라는 것이 아니다. 피해자 보고 침묵을 지키라는 손짓이다.

　검은 곱슬머리의 남자가 제목과 다르게 노인이 아닌 이유가 있다. 아르테미시아가 두 노인 중 한 명의 모습에 자신을 관음했던 타시의 모습을 그려 넣은 것이다. 그리고 아르테미시아

〈수산나와 두 장로〉, 아르테미시아 젠틸레스키

미수에 그친 성폭력 사건에 대한 이야기

수산나와 요아킴은 성경에 나오는 유대인 부부다. 요아킴이 유명인사라 집에 많은 사람들이 방문했는데, 그중에는 늙은 장로들도 있었다. 어느 날, 수산나가 정원에서 목욕 중일 때, 그 모습을 관음하던 늙은 두 장로는 수산나에게 다가가 다짜고짜 성관계를 요구했다. 그러곤 자신들과 밤을 보내지 않으면 불륜을 저질렀다고 소문을 내겠다고 협박했다.

하지만 수산나는 거짓이 두려워 겁탈 당하느니 죽음을 택하겠다며 거절했다. 두 장로의 거짓말 때문에 수산나는 억울하게 사형을 선고받는다. 사형장으로 끌려가던 수산나가 하느님께 기도를 드렸는데, 하느님의 외침을 들은 다니엘이 수산나의 무죄를 밝혔다. 수산나의 결백은 증명됐고, 장로들이 처형당했다는 이야기다.

는 이 모든 것을 알면서도 적극적인 대안을 마련하지 않은 부친에게도 불만을 품어 또 다른 노인의 모습에 부친의 얼굴을 그려 넣었다. 그는 방관자인 부친이 가해자와 별반 다르지 않다고 느꼈을 것이다. 재판관이라는 높은 지위를 가진 두 노인은 아주 편안한 자세로 수산나를 짓눌렀지만 그는 엉덩이 끝만 겨우 걸친 불편한 자세로 그림 속에 갇혀버렸다. 아르테미시아는 수산나의 모습에 자신을 투영함으로써 자신이 느끼는 언짢음을 표현하며 타시와 부친에게 경고를 날렸다.

당시 남자 예술가들은 〈수산나와 두 장로〉가 성경에 실린 이야기라는 것을 앞세워 '예술'의 당위성을 입힌 뒤, 나체인 수산나의 모습을 에로틱하게 표현했다. 남성 예술가들이 그린 그림 속의 수산나는 8등신 몸과 매끈한 피부, 풍만한 몸을 가지고 있다. 은근한 눈빛은 덤이다. 이런 묘사들은 혁명이 인류를 휩쓸 동안 여성의 입장이 묵살되고 여성에 대한 인식이 제자리걸음을 걸었다는 방증이 아닐까. 아르테미시아는 남류 화가와 다르게 가부장제의 위선과 남성의 음탕함, 여성이 느끼는 혐오감에 초점을 맞췄다. 그래서인지 같은 주제로 그려졌지만, 남성 화가가 그린 그림과 정반대의 분위기를 풍긴다.

남성 중심의 미술계가 똘똘 뭉쳐 아르테미시아를 미술사에서 제거한 이유를 알 법하다. 남성들은 관음의 대상이 아닌 관음하는 자를 심판하는 주체로서의 여성의 존재가 두려웠을 것이다. 아니나 다르랴, 아르테미시아의 〈수산나와 두 장로〉는 사회적으로 큰 파문을 일으켰다.

세기의 재판

1912년, 아르테미시아는 뛰어난 재능에도 불구하고, 여자라는 이유로 미술학교의 입학을 거부당하게 됐다. 당시 프레스코[8] 벽화 작품을 책임지고 있던 오라치오는 함께 일하던 타시와 급속도로 가까워졌고 아르테미시아가 날린 경고를 무시한 채 타시에게 아르테미시아의 원근법 교습을 맡겼다. 애당초 타시는 인간성에 결함이 있는 인물이었다. 그남은 결혼을 한 상태였고, 가정에서도 문제가 많았을 뿐만 아니라 길거리에서 한 여성을 구타해 구속되기도 한 범죄자였다. 아무리 오라치오가 미련한 면모가 있었다 한들, 검증되지 않은 사람에게 사랑하는 딸의 수업을 맡기다니. 현대의 관점으로는 이해하기 어려운 결정이다.

1611년 5월, 타시는 18살이었던 아르테미시아를 상습적으로 성폭행했고, 얼마 가지 않아 주변 사람들이 눈치를 채기 시작했다. 타시는 일이 커질 것 같으니 아르테미시아에게 밤낮 가리지 않고 편지를 써가며 결혼을 하자고 졸라댔다. 당시 법으로는 성범죄를 저지른 남자는 법의 심판을 받아야 했지만, 피해자와 결혼하게 되면 벌을 받지 않았기 때문이다. 어린 아르테미시아가 아랑곳하지 않자, 타시는 금반지를 끼워주겠다며 꼬드 겼다. 아르테미시아는 오랫동안 고민했다. 그는 집안에서 밀어 주는 최초의 여성 화가였고, 빛을 발하기 시작한 신예 예술가로 서 불명예스러운 일로 유명세를 치른다면 자신의 커리어에 흠 집이 갈 것이 뻔했다. 결국 아르테미시아는 괴로워하면서도 자 신의 미래를 위해 타시와 결혼하기로 결심했고, 몇 차례의 만남 을 이어갔다. 그에게는 선택의 여지가 없었다.

타시가 결혼을 약속한 지 9달이 지나가고 있었지만, 그남 은 아르테미시아와 결혼할 마음이 없어 보였다. 약속을 지키지 않는 타시에게 격노한 오라치오는 결국 타시를 로마 법정에 고 발했다. 오라치오는 자신의 딸인 아르테미시아의 아픔보다는 자신의 피해를 더 내세웠다. '처녀'의 '순결'은 가문의 명예가 걸린 문제였고, 타시가 자신의 이름에 먹칠을 한 것과 다름이 없다고 느꼈기 때문이다.

1612년 3월 16일, 타시는 성폭행이 아니라 '처녀성 강 탈'이라는 죄목으로 체포된다. 다시 말해 아르테미시아가 '처 녀'가 아니라면 타시는 무죄가 되는 것이다. 그 때문에 아르테 미시아는 타시가 첫 남자였다는 것, 즉 강간을 당하기 전에 자 신이 '처녀'였다는 것을 밝히기 위해 여러 사람들이 보는 앞에 서 수치스러운 검사를 여러 번 받아야 했다. 피해자였지만 조사 를 받을 때는 조사관들의 추궁과 고문이 이어졌다. 아르테미시 아가 증언대에 오를 때마다 손가락 마디에 차꼬⁹가 채워졌고,

'손톱 비틀기'라는 끔찍한 고문도 당했다. 손가락 마디가 으스러질 때까지 조이는 고문으로, 고문이 끝났을 때 그의 손은 시퍼렇게 부어올라 움직일 수조차 없었다. 이것은 그의 말이 진실임을 증명하기 위한 과정 중 하나로, 만약 그 사람이 모진 고문 와중에서도 같은 말을 한다면 그것은 진실이라는 당시의 보편적인 관행 때문이었다.

"이게 당신이 약속했던 결혼반지냐?" 아르테미시아는 차꼬를 타시에게 들어 보이며 쏘아붙였다. 타시는 막상 고소를 당하자 아르테미시아가 먼저 꼬리를 쳤다며 발뺌하고 나섰다. 타시가 줄기차게 범행을 부인하는 바람에, 재판은 끝이 보이지 않았다. 아르테미시아는 희망을 품고 친하게 지냈던 투지아라는 여성에게 증언을 요청했다. 투지아는 위층에 세를 살던 여성으로, 12살에 모친을 여의고 남성밖에 없는 집안에서 자랐던 아르테미시아가 처음으로 친해진 친구였다. 이를 알았던 타시는 투지아를 협박해 몰래 아르테미시아의 집에 침입했다. 강간이 있던 날, 아르테미시아는 위층에 있던 투지아에게 도와달라 절규하며 소리쳤지만, 투지아는 보복이 두려워 그를 외면했다.

타시의 협박 끝에 결국 투지아는 법정에서도 아르테미시아가 먼저 유혹했다고 증언했다. 게다가 아르테미시아가 타시에게 반지를 줬다는 사실이 드러나면서 여론은 아르테미시아가 의도적으로 타시를 유혹했다는 쪽으로 흘러갔다. 사람들은 아르테미시아를 음란한 여자라며 손가락질하기 시작했다. 어느 하나 아르테미시아에게 유리한 것이 없었다. 피해자 쪽에서 선물을 주며 호감을 보였다 한들, 성인이 미성년자를 상습적으로 성폭행했다는 사실만으로도 처벌을 받아야 하는데 말이다.

아르테미시아는 외롭게 싸움을 이어나갔다. 그러던 중, 타시가 아르테미시아의 목에 칼을 들이대며 협박했다는 증언이 나왔다. 순식간에 상황이 반전됐다. 타시가 처제와 불륜을 맺어 아내 살인을 모의하고, 과거에 가족을 성폭행했다는 사실과 오라치오의 작품을 훔치려 했다는 것까지 줄줄이 밝혀지자 타시의 주장은 힘을 잃었다.

1612년 12월, 아홉 달에 걸친 세기의 재판이 끝났다. 이 판결을 듣는 순간 아르테미시아는 만감이 교차했다. 재판의 과정은 피해자인 그에게 말할 수 없는 고통의 시간이었다. 다만 타시의 처벌은 1년 형으로 가벼웠다. 강간범은 5년 형 이상을 받아야 했지만, 아르테미시아의 행실역시 일부 잘못이 있다는 판단이 적용돼 형기가 짧아졌다. 로마 전역을 술렁이게 만든 사건이었기에 로마 사람들은 모두 이 재판에 대해 떠들어댔다. 대중은 그의 준수한 외모를 보고 그의 행실에 문제가 있었을 것이라고 단정 지었고, 과거 누드화의 모델이었던 것도 화제가 됐다. 설상가상으로 아르테미시아의 부친이 돈을 받고 타시의 석방에 합의하면서, 타시는 반년 만에 풀려났다.

> "피고 아고스티노 타시는 성폭행 혐의가 인정되므로 유죄를 선고한다."

아르테미시아의 분신 유디트

재판이 끝났지만, 아르테미시아는 여전히 혼란스러웠다. 타시의 인기는 날이 갈수록 치솟았고, 오라치오는 뛰어난 화가로 성장하고 있는 아르테미시아를 견제하기 시작했다. 아르테미시아는 상처만 입히는 부친과의 애증 관계에 서서 방황해야 했다. 부친의 집착에 지친 아르테미시아는 반대를 무릅쓰고 피렌체에서 활동하던 삼류 화가 피에란토니오 스티아테시(Pierantonio Stiattesi)와 결혼했다.

그는 젠틸레스키라는 성을 로미(Lomi)로 바꾸고 피렌체로 이주해 종적을 감췄다. 외모가 아름다운 남편과 얼마간 안정적인 결혼 생활을 누렸지만, 곧 본명이 밝혀져 잊고 싶은 과거가 드러났다. 아르테미시아의 상처는 주변 사람들에게 흥미 있는 안줏거리였다. 하지만 아르테미시아는 자신을 향해 쏟아지는 온갖 비난에도 꿈쩍하지 않고 꿋꿋이 그림을 향한 창조 혼을 불태웠다. 그 결과, 그는 실력으로 권태에 빠진 귀족들에게 신선한 충격을 주며 승승장구하기 시작한다.

아르테미시아는 얼마 지나지 않아 카사 부오나로티의 작업을 의뢰받게 됐다. 이를 발판으로 궁중 화가로 활약을 하며 작품 활동에 매진했다. 1615년 3월 15일, 아르테미시아가 운영하던 화실에 20여 명의 귀한 손님이 방문한다. 당시 피렌체의 젊은 군주였던 메디치 가문[10]의 코시모 2세는 타시 사건에 대해 이미 잘 알고 있었다. 그러나 코시모 2세의 관심사는 가십거리가 아닌, 아르테미시아의 비범한 실력이었다. 코시모 2세를 비롯, 당대 최고의 피렌체 지식인들이 아르테미시아의 명작 〈홀로페르네스의 목을 베는 유디트〉를 감상했다. 과학자 갈릴레이 갈릴레오와 미켈란젤로의 조카인 부로나오티도 함께였다.

　이것은 로마에서 흘러들어온 타지 출신의 예술가에게 파격적인 대우였다. 예술의 도시 피렌체에서 배출된 거장이 워낙 많아, 어지간한 실력이 아니고서야 찬밥 신세를 면하기 어려웠기 때문이다. 명사들은 아르테미시아가 그린 그림 속 홀로페르네스의 잘린 목에서 뿜어져 나오는 피를 보고 충격을 받았다. 몇몇은 화면에서 튀어나올 것 같은 잔인한 광경에 질겁하며 두통을 호소하기도 했다. 하지만 코시모 2세는 아르테미시아의 작품을 찬찬히 훑어본 다음 "부친인 오라치오의 솜씨보다 낫다"고 말했다. 늘 오라치오의 그늘에 가려져있던 아르테미시아는 이 말 한마디에 눈물을 왈칵 쏟았다. 코시모 2세는 〈홀로페르네스의 목을 베는 유디트〉의 복제본을 고가에 주문하고 〈루트를 켜는 여인〉과 〈마리아 막달레나〉를 추가로 주문해 피렌체의 새로운 천재 예술가가 탄생했음을 알렸다. 이를 계기로 아르테미시아의 영감에 불이 붙었다. 그는 오라치오의 예술 세계와 실력을 넘어서고 싶었다.

> "고매하신 분이시여,
> 여자로서 제가
> 무엇을 할 수 있는지
> 보여드리겠나이다."

아르테미시아가 그린 명작 〈홀로페르네스의 목을 베는 유디트〉가 지금까지 너무나도 많은 사람의 간담을 서늘하게 만든 이유가 있다. 〈홀로페르네스의 목을 베는 유디트〉는 재판 건으로 이래저래 마음이 상했던 아르테미시아가 내놓은 첫 그림으로, 공개되자 로마는 다시 한번 놀랐다. 적장 홀로페르네스의 최후가 참혹하기도 했지만, 목을 베는 유디트의 얼굴은 아르테미시아와, 홀로페르네스의 얼굴은 타시와 판박이였기 때문이었다. 타시도 뒷머리가 서늘하지 않았을까?

화가들이 제 얼굴을 성서 그림이나 역사화에 그려 넣는 건 르네상스 이후 드문 일이 아니었다. 그리스 고전기 조각가 페이디아스가 파르테논 신전의 아테나 신상 방패 부조에다 대머리 자화상을 새겨 넣은 게 처음이었으니 유래도 꽤 깊다. 하지만 여자가 주인공이면서 이처럼 잔인한 역할로 그려진 적은 없었다. 유디트라는 인물은 주체적인 여성을 그릴 수 있도록 공인된 유일한 소재였기에, 아르테미시아는 유디트를 통해 자신의 금지된 욕구를 표현하고자 술 취한 적장이 깨어나는 순간을 재현했다. 지금까지 유디트가 등장하는 다른 그림들에서는 대개 적장의 머리를 자루에 챙겨 넣거나, 동트기 전 막사를 빠져나와 귀환하는 장면이 많았다. 줄거리의 전후를 음미하면서 감

<홀로페르네스의 목을 베는 유디트>, 아르테미시아 젠틸레스키

유디트 이야기

기원전 2세기경 홀로페르네스가 지휘하는 아시리아의 군대가 이스라엘을 침략해 베툴리아를 점령했다. 베툴리아에 살던 유디트는 무해하게 치장한 후 하인 아브라를 데리고 적군의 기지로 거짓 투항해 들어갔다.

유디트에게 반한 홀로페르네스는 유디트를 연회에 초대했고, 유디트는 홀로페르네스에게 술을 권해 만취하게 만든 후 잠든 사이 목을 베어 죽였다. 유디트는 적장의 목을 가지고 아브라와 함께 빠져나와 그 목을 베툴리아 성벽에 매달았다. 이를 본 아시리아 군대는 전의를 상실해 철군했고 유디트는 위험에 처한 이스라엘을 구해낸 영웅이 됐다.

상할 수 있기 때문이다. 그러나 아르테미시아는 파국의 결정적 순간을 골랐다.

아르테미시아가 그린 그림 속 유디트는 제물의 멱을 자르는 사제처럼 한 치의 머뭇거림도 없다. 성서에는 유디트가 큰 칼을 '두 차례 내리쳐서' 적장의 머리를 끊어냈다고 기록돼있다. 그러나 그의 그림 속 단말마의 비명을 듣는 유디트의 모습은 성서에 나오는 나약한 여성과 확연히 다르다. 아르테미시아는 보는 이마다 넋을 잃을 만큼 빼어났다는 유디트의 아름다움을 지혜, 용기, 자신의 의지를 실행하고 관철할 수 있는 결단력 그리고 건장한 육체로 해석해 표현했다.

몸부림치며 저항하는 적장의 몸통 위에 하인 아브라가 타고 올라 누르는 장면도 성서에는 없다. 원래 성서에서 유디트의 하인 아브라는 밖에서 유디트를 기다리고 있다가 유디트가 홀로 베어온 홀로페르네스의 머리를 받아 곡식 자루에 넣는 것으로 돼있다.

하지만 아르테미시아의 작품들에서 유디트의 하인은 밖에서 기다리지 않는다. 오히려 적극적으로 사건에 개입해서 유디트의 조력자가 아닌 공범으로 활약한다. 남성들뿐만 아니라 여성들에게도 외면받았던 화가의 절박했던 상황이 반영된 것이다. 아르테미시아는 한 사람이 침략자를 난폭하게 난도질하는 그림을 통해 불공평한 사회와 가해자에 대한 분노를 표출하고, 자신의 상처를 치유하는 카타르시스[1]로 승화시켰다.

전 세계를 휩쓴 미투 운동(Me Too) 덕분에 변화한 지금의 관점으로 그의 그림을 다시 보면 유디트와 하인의 모습에서 여성 간의 연대와 단결에 대한 강한 의식을 느낄 수 있다. 아르테미시아는 현실에서 외로움을 짊어지고 분노를 예술로 승화시켜야 했지만 그림 속 그는 더 이상 혼자가 아니다. 약소국 이스라엘에서도 순종과 정조를 미덕으로 아는 연약한 여성으로 서술됐던 그림 속 유디트는 동지(Sisterhood)와 함께 복수의 칼날을 휘둘러 폭력과 억압의 상징, 당시 주변국들을 힘으로 짓누르던 아시리아의 장수(將帥) 홀로페르네스를 무찌르고 위기에 빠진 사람들을 구해냈다. 그의 그림이 누군가에게는 경고로 느껴지고 누군가에게는 애정 어린 위로가 되는 이유다.

〈홀로페르네스의 목을 베는 유디트〉, 미켈란젤로 메리시 다 카라바조

분노 가득하고 강인한 아르테미시아의 유디트 그리고 연대로 동참하는 하인의 모습이 남류 화가의 작품에서는 온순한 여성과 수동적인 노파로 대체된다. 게다가 남류 화가의 그림 속 여성은 근육마저 부자연스럽다. 적장의 목을 베더라도 여성은 얌전하고 위태로워야 했던 것이다. 남류 화가들이 그린 수십여 개의 명화 '유디트'가 당신을 기만하는 그림으로 전락하는 이유다.

카라바조의 진정한 후계자

미켈란젤로처럼 해부학에 조예가 깊다는 사람도 여성의 신체를 표현하는 데는 어려움을 겪었다. 여성 모델을 채용할 수 없었다는 점은 르네상스와 바로크 시대 수많은 여성 나신들이 이상한 형상을 하고 있는 이유를 설명해준다. 하지만 아르테미시아는 남류 화가들과 달리 자신의 신체는 물론, 여성 모델들의 신체에도 접근할 수 있었기 때문에 지금 봐도 어색하지 않고 자연스러운 여성의 모습을 구현할 수 있었다. 그는 이러한 장점을 활용하고 과장된 분위기를 적절히 곁들여 자신만의 독특한 화법을 탄생시켰다. 사람들은 그의 그림에서 풍겨오는 한층 고양된 감성에 감탄했고, 아르테미시아는 화가로서 부와 명성을 누렸다.

<회화의 알레고리로서의 자화상>, 아르테미시아 젠틸레스키

그의 인기가 치솟을수록 그의 남편은 자격지심에 휩싸였
다. 그의 남편은 그의 재능을 시기하고 품행을 의심하는 것으로
모자라 급기야 그에게 주먹까지 휘둘렀다. 두 사람은 영원한 별
거에 들어갔다. 아르테미시아는 딸 푸르덴지아를 데리고 로마
로 갔고 그의 남편은 종적을 감췄다. 그의 딸은 훗날 화가가 됐
지만 별다른 기록은 없다.

로마로 온 이후, 아르테미시아는 28세에 여성 최초로 '법
률상 권리'를 행사할 수 있는 사회적 지위를 획득한다. 사별한

귀족 여자가 아니면 절대 가질 수 없는 각종 공증서류에 사인할 수 있는 권리였다. 아르테미시아의 작품 활동은 계속됐고 그의 화실은 모든 사람들의 방문 코스가 됐다.

그 시대 혹은 그 후에도, 남성은 늘 주체이자 창조자 역할을 맡았던 반면 여성은 객체이자 모델로 영감을 주는 존재였다. 하지만 아르테미시아는 스스로 '회화의 알레고리(the Allegory of Painting)'임을 선언하고 열정적으로 일하는 자신의 모습을 그려 전통적인 여성상을 깨부쉈다. 그의 그림에서 일하는 여성의 생동감과 현실감을 느낄 수 있는 이유는 그가 자신의 모습을 구현할 때 자신의 외모를 돋보이기 위한 어떤 장치도 넣지 않았기 때문이다. 자화상 속 아르테미시아는 정면을 보지 않는다. 소매를 걷어붙이고 캔버스를 응시하며 창작에 열중하고 있을 뿐이다.

작업을 방해하지 않도록 질끈 묶은 머리, 힘 있는 팔뚝, 굳게 닫힌 입술은 다른 화가들의 자화상과는 전혀 다른 느낌을 선사한다. 여성이 느끼는 시대에 대한 분노와 상처를 그림을 통해 표현하던 아르테미시아가 마침내 맞서고자 했던 현실과 상처 그리고 타자의 시선으로부터 독립해 진정한 '주체'로서의 자신의 모습을 그렸기 때문이다. 그의 인생은 파란만장했지만, 그는 세상이 바라는 대로 '피해자'답게 살아가지 않았다. 결연한 그의 얼굴 속에 담긴 용기와 의지는 숭고하다.

로마에서 유명세를 얻은 후 아르테미시아는 나폴리로 이주해 여생의 대부분을 그곳에서 보냈다. 59세에 눈을 감은 그는 어느 날, 그림을 의뢰한 고객에게 이렇게 편지를 썼다. "나는 여자가 무엇을 할 수 있는지 보여줄 것입니다. 당신은 카이사르의 용기를 가진 한 여자의 영혼을 볼 수 있을 것입니다."

두 번째

인류 해방 운동가,
에멀린 팽크허스트

Emmeline Pankhurst

1858-1928

인류 해방 운동가·여성 참정권 운동가·혁명가

불과 100여 년 전만 해도 여성들은 노예나 다름없는 삶을 살고 있었다. 남자들의 소유물처럼 여겨지며 모든 행동에 허락이 필요했고, 그남들이 여성들을 대변할 수 있다는 사회 통념으로 인해 여성에겐 투표권조차 부여되지 않았다. 심지어 남자들이 신분과 상관없이 정치에 참여할 수 있는 권리를 갖게 됐을 때에도, 여성들은 제한되고 저지됐다.[12]

구속 상태에 놓여있던 인류 절반을 자유로 이끈 사람이 있다. 〈타임〉이 선정한 20세기 가장 중요한 100대 인물 중 한 명으로 손꼽히는 사람, 여러 차례의 투옥에도 수많은 여성을 거리로 이끌어낸 여성 참정권 운동가, 광장으로 나가 창문을 부수고 목을 놓아 소리친 페미니스트, 현재를 사는 우리의 마음에도 울림을 주는 연설을 남긴 에멀린 팽크허스트(Emmeline Pankhurst). 그는 인류의 절반을 해방하면 인류의 나머지 절반도 구할 수 있다고 믿었던 '인류 해방 운동가'였다. 그는 여성들과 함께 싸웠고, 자유를 쟁취했다.

2017년 기준, 여성 국회의원 비율 OECD 평균 28.8%. 여전히 여성의 정치 참여는 논의를 지속해야 할 현재 진행형 문제고, 여성 참정권 획득은 세계사 속 스쳐 지나가는 조각일 뿐이다. 민족 해방 운동을 한 인도의 간디는 모르는 이가 없지만, 인류 절반의 해방을 외친 에멀린 팽크허스트는 과연 얼마나 알고 있을까? 2015년에 개봉된 영화인 〈서프러제트(Suffragette)〉를 통해서야 여성 참정권 운동을 벌인 여성들을 지칭하는 '서프러제트'와 에멀린 팽크허스트의 이름을 알게 됐다. 서프러제트들이 투쟁했던 시대에서 약 한 세기가 지났음에도 스크린에 이들을 전면적으로 내세운 것은 여전히 획기적이고 도전적인 일이라고 평가됐다. 그럼에도 여전히 에멀린 팽크허스트의 이름은 우리에게 생소하게 남아있다. 이 글은 그의 투쟁에 대한 기록이다.

우리는 사람들이 불가능하다고 생각한 일,
불가능하기를 바랐던 일을 해냈습니다.
우리 여성들은 일어났습니다.
일어난 이상 우리는 결코
다시는 잠잠해지지 않을 것입니다.
_에멀린 팽크허스트

14살의 여성 참정권론자[13]

에멀린은 정치적으로 활발한 활동을 하는 가정에서 태어났다. 양친이 사회운동에 적극적이고 아이들을 사회 활동에 동참시키고자 했기 때문에, 자연스럽게 그는 정치와 사회에 대해 깊이 고찰하며 성장할 수 있었다. 여성의 참정권과 권리 향상을 지지하는 양친이었음에도 에멀린은 그의 남자 형제들과 동등한 교육 기회를 얻을 수 없었다. 부친은 아들의 교육을 매우 중요하게 생각했고, 영특한 아이였던 에멀린은 여성 교육의 목표였던 '집을 매력적인 곳으로 만드는 기술'에 대해 교육받아야 했다. 어린 나이에도 에멀린은 이러한 교육의 불평등과 차별적 대우를 무언가 잘못된 것으로 느꼈지만, 아무도 이러한 문제를 인지하거나 그 원인을 알지 못하는 것 같았다. 정치적으로 깨어있는 양친조차 자식 교육에 대한 불공평한 처사를 당연한 것으로 여겼으니 말이다.

어느 날 밤, 부친은 침대에 누워있는 에멀린을 굽어보며 슬픈 목소리로 말했다. "남자로 태어났으면 좋았을 걸, 가여운 것". 에멀린은 아무리 생각해도 자신이 여자라는 게 싫다는 생각이 들지 않았지만, 남자들은 자신을 여자보다 우월하다 생각하는 데다 여자들도 그런 믿음을 받아들인다는 사실을 깨닫게 됐다. 에멀린에겐 이해되지 않는 사회의 비논리적인 규칙이었다. 그가 여성에 대한 불평등에 의문을 품던 무렵, 그의 모친은

〈여성 참정권 저널(Women's Suffrage Journal)〉을 구독하고 있었다. 당시 14살이던 에멀린 역시 해당 저널을 즐겨 읽었고, 특히 편집자인 리디아 베커를 좋아했다. 어느 날, 모친은 리디아가 연설자로 참여하는 여성 참정권 회의에 참석하게 됐는데 이를 알게 된 에멀린도 함께 참석한다. 이날을 두고 그는 추후 이렇게 회고했다. "그 회의를 나올 때 나는 의식적이고 확고한 여성 참정권 운동가가 돼있었다."

파리에서 공부[14]를 마친 에멀린은 20살에 결혼해 5명의 아이를 낳았다. 하지만 그는 자신이 가정만 아는 기계가 돼서는 안 된다고 믿어서, 정치 활동을 꾸준히 이어나갔다. 특히 러셀 광장에 자리한 그의 집은 다양한 지식인과 활동가들이 모이는 중심지가 돼, 활발한 정치적 논의가 이뤄지는 장으로써 기능했다. 예술사 속 살롱을 운영하는 여성들의 모습이 떠오르는 부분이다. 열악한 사회적 위치에도 여성이 남성 지식인 및 예술인들과 대등하고 자유롭게 의견을 나눴던 살롱처럼, 에멀린의 집은 그가 당대의 유명한 정치·사회 활동가들과 교류하는 공간이었다.

에멀린은 남편과 함께 사회운동을 해왔지만[15], 그들이 지지한 사회주의·노동운동 단체들마저 여성 참정권 운동에 적극적이지 않았다. 이에 답답함을 느낀 에멀린은 결국 여성연합인 여성 프랜차이즈 리그(Women's Franchise League, WFL) 설립에 나선다. WFL은 참정권과 함께 이혼 및 상속의 영역에서도 여성의 동등한 권리를 지지했기 때문에 당시 급진적인 단체로 간주됐지만, 주위의 비난에도 아랑곳하지 않고 오히려 사회의 불공평함에 대해 지금보다 더욱 심도 있는 저항이 필요하다고 주장했다. 하지만 급진주의 노선을 부담스러워한 일부 지도층이 사임하면서 조직은 와해되고 만다. 그러던 중 남편의 건강이 급격히 나빠졌고, 큰 빚을 남기며 세상을 떠난다.

빚을 갚기 위해 에멀린은 집을 팔아 작은 집으로 이사하고 지역의 등기사무관 업무를 시작했다. 여기서 그는 여성들이 정치에 참여할 권리가 없기에 얼마나 지독한 빈곤과 불평등을 겪고 있는지 실감하게 된다.

어느 날, 아이를 낳은 어린 여성이 자신의 아이를 방치해 죽게 만든 일이 발생했다. 그 여성은 살인죄로 사형을 선고받았다. 여성과 아기를 떠난 아기 아버지는 사실상 살인자임에도 아무런 벌도 받지 않았다.

그리고 1년 후인 1900년에 그는 맨체스터 교육위원회에 선출돼, 불평등한 대우와 한정된 기회를 겪고 있는 여성들을 다시 한번 목격한다. 이후 에멀린은 여성 참정권 확보는 온 세상이 나아질 때까지 기다린 다음에야 충족될 부차적인 것이 아닌, 인류 절반의 상황이 개선되기 위해 당장 논의돼야 하는 중요한 문제라는 확신을 한다. 그의 머릿속에 여성의 권리와 평등한 기회 제공이 최우선으로 해결돼야 하는 과제로 자리한 것이다. 그는 여성 참정권

1914년, 시위 도중 경찰에 연행되는 에멀린 팽크허스트

에 대해 목소리를 높이지 않는 단체는 적으로 돌렸고, 오직 여성의 해방을 위한 사회운동을 시작한다.

에멀린의 딸들

에멀린 팽크허스트에게는 세 명의 딸이 있었다. 그의 세 딸인 크리스타벨(Christabel Pankhurst), 실비아(Sylvia Pankhurst), 아델라(Adela Pankhurst)는 에멀린의 영향을 받아 모두 서프러제트에 몸을 던진다. 초반에는 세 딸이 모두 에멀린과 함께 활동했지만, 시간이 지날수록 각자의 성격과 이상에 맞는 방식을 찾아가게 됐다.

크리스타벨은 에멀린과 노선이 같았고, 서프러제트의 대표 및 지도직을 맡았다. 그는 법학을 전공했고 여성이라는 위치 때문에 변호사가 될 수 없었지만, 서프러제트들이 법정에 서게 됐을 때 자신들을 변호하는 변호사로서 재판에 임했다. 그는 WSPU[16]의 핵심 인물로 지도자 에멀린의 든든한 조력자 역할을 했으며, 이후 에멀린과 창당한 여성의 당(the Women's Party)의 총선거에서 당 대표로 출마하기도 했다. 그들은 여성 전체를 하나의 계급으로 봤고, 다른 어떤 문제보다 여성의 참정권 획득을 최우선 순위에 뒀다.

반면 실비아는 초기에는 서프러제트 홍보 포스터, 팸플릿, 정부가 참정권을 요구하는 여성들에게 저지르는 만행을 알리는 포스터를 그리는 등 WSPU 활동에 열정적으로 임했지만, 이후 노동계급의 여성들에게 더욱 집중한다. 그는 서프러제트였지만 동시에 사회주의자였다. 중산층 여성들이 주요 회원이었던 WSPU와 달리 그가 새로 창설한 여성사회주의자연합은 노동계급 여성들을 회원으로 받아들였다.[17] 이는 노동의 문제까지 다룬다면 여성 참정권에 대한 논의가 더욱 더뎌질 것이라는 에멀린과 크리스타벨의 생각과 반대되는 입장이었다.

에멀린과 크리스타벨은 소수 활동가가 이끄는 투쟁을 강조하는 방식으로 참정권 운동을 발전시켰지만, 실비아는 대중운동을 통해 운동을 길게 지속하는 방향으로 발전시키고자 했다. 또한 이렇다 할 반응을 보이지 않는 정당 정치에 모두 비판적이었으나, 에멀린은 그들을 자신들로부터 분리했고 실비아는 그들을 설득하고 포용하는 방향으로 나아갔다. 여성들의 끊임없는 투쟁에 더불어 노동 단체들의 파업이 확산되면서 영국 사회는 흔들리기 시작했다. 양쪽에서 거세지는 압박을 버티지 못한 정권에서 '제한 없는' 선거권을 검토하겠다고 한 것이다. 이는 파업 또는 방화 한 가지의 방식만으로는 이룰 수 없었던 정부의 변화였고, 서로 다른 노선을 택한 에멀린과 딸들의 승리였다.

전쟁과 낙선 이후 크리스타벨은 미국에서 종교활동을 시작했으며 종교 지도자의 소임을 맡았다. 실비아는 사회주의 운동을 이끈 대표 인물로 자리하며 이후에도 국제적인 정치 활동을 지속했으며, 반제국주의 운동을 하다 생을 마감했다. 아델라는 WSPU의 전투적 행동들에 불만을 품었고, 호주 이민 후 그곳에서 여성 운동을 이끌었다. 또한 사회주의에 회의를 느끼며 공산주의 반대를 외쳤다. 아델라는 추후 호주의 파시즘 운동을 이끈 것으로 이름을 날렸다.

여성의 사회적 위치가 지금보다 열악했던 당시 상황으로 봤을 때, 에멀린과 그의 딸들이 사회 변혁을 이끄는 지도자였다는 사실은 더욱 큰 의미가 있다. 각기 다른 가치관과 방향을 갖고 있었음에도 그들 모두 정치 사회계의 리더로서 활약했다는 점에서 에멀린의 카리스마와 행동력을 세 딸 모두 물려받았음을 알 수 있다.

Deeds, not words

에멀린은 '무장 세력'의 우두머리라고 불렸다. 또한 그는 과격한 방법을 통해 자신들의 의견을 관철하고자 하는 시위 단체의 핵심 인물로 일컬어졌다. 언론은 에멀린과 여성들의 투쟁을 급진적이라고 언급했고, 만평은 이들을 우락부락한 아마조네스[18]로 묘사하기도 했다. 여성들이 가장 듣기 싫어할 것이라 여겨지는 말로 그들을 비하하고[19], 그들을 '원래의 자리로' 돌아가라고 회유하려 한 것이다. 하지만 에멀린은 그저 '착하고 얌전하게' 사회를 설득시키려 하지 않았다. Deeds, not words(말이 아닌, 행동으로). 그가 외쳤던 구호처럼, 에멀린 팽크허스트는 행동하는 사람이었다.

여성들은 온순한 방식으로 수년간 여성 참정권을 요청해왔고 정당들로부터 참정권에 대한 약속을 받아냈지만, 이 약속들은 공허한 선언으로만 남아있었다. 유명 정치인들은 여성 참정권을 지지한다고 내세웠으나 결과는 항상 배신과 외면뿐이었다. 윈스턴 처칠은 여성 참정권에 강력한 지지 의사를 표했지만, 법안을 회의에 올리는 최종 시점에 "여성에겐 투표권이 필요 없고 여성의 참정권은 반민주적이다"라고 주장하는 모순적인 모습을 보이기도 한다. 에멀린은 여성 참정권을 우선순위로 여기겠다는 정당들의 반복된 공약에 의구심을 품을 수밖에 없었다. 정치인에 대한 기약 없는 희망은 버리고, 좀 더 확실한 행동을 취할 때라고 믿었다. 1903년 10월 10일, 그렇게 에멀린과 그의 첫째 딸인 크리스타벨 그리고 그의 동료들은 여성만으로 구성돼 오직 여성의 참정권 획득을 목적으로 하는 조직을 결성하게 된다. 서프러제트 운동의 중심이 된 WSPU[20](여성사회정치연맹)의 시작이었다.

단체 설립 초반에 그들은 연설하거나 청원서를 모으고 기사를 써내는 등 비호전적인 전략을 사용했고, 정당들은 이제까지 그래왔듯이 묵묵부답이었다. 그러던 중, 1905년 크리스타벨은 WSPU의 애니 케니와 함께 자유당 남의원이 주관하는 대규모 회의에 청중으로 참가해 남성 참석자들과 마찬가지로 남의원들에게 질문을 던진다. "자유당은 여성들에게 투표권을 줄 것입니까?"

말이 아닌 행동으로, 그것만이 우리의 영원한 모토였다.

당시 자유당은 민주주의와 정의를 강조했고, 여성의 참정권을 제안한 존 스튜어트 밀이 몸을 담고 있는 정당이었다. 또한 여성들은 자유당 선거 집회 때마다 군중의 다수를 차지하며 그들을 지지했고, 밤낮으로 선거운동을 도우며 눈에 띄지 않는 허드렛일을 도맡아왔다. 그런 자유당이기에 크리스타벨과 애니는 여러 차례 여성의 참정권에 관해 물으며 남의원들에게 답변을 요구했지만, 청중과 경찰은 감히 남자들의 집회에서 '소란을 피운' 여성들에게 분노하며 폭력을 행사했다.

경찰에 구속된 둘은 벌금형을 거부하고 감옥행을 선택했으며, 이 사건은 영국 전역에 엄청난 반향을 일으켰다. 언론도 그들에게 주목해 이 두 여성이 무례하고 도리에 어긋난 행위를 했다며 힐난했고, 그들에 대한 처분이 너무 관대하다는 논평을 너도나도 써냈다. 이 사건으로 자신들이 지금껏 여성 참정권에 우호적이었지만 이제 더는 그들을 봐줄 수 없다며 여성 참정권에 대한 논의는 과거로 후퇴했다는 주장까지 했다. 그중 한 기자가 그들이 한 줌 정도로 적다는 의미로, 서프러제트라는 용어를 사용했고[21], 서프러제트라는 단어는 이렇게 대중에게 알려지게 된다. 이후 WSPU는 그들과 다수의 여성 참정권론자들인 서프러지스트(Suffragist)를 구분하기 위해 이 용어로 자신들을 지칭한다.

언론의 바람과 달리 실상은 훨씬 긍정적이었다. 새로운 회원들이 속속들이 가입했고 여성 참정권 문제가 전국적으로 화제가 된 것이다. 세간의 이목을 집중시키는 경험을 통해 WSPU는 호전적인 전략이 효과적이라는 것을 깨닫게 된다. 이는 군사적 전략에 밝은 크리스타벨이 연설 방해를 통해 목표했던 것이기도 했다. 이후 에멀린은 자신들을 군대로 묘사하며, '참정권 획득을 위한 전쟁에서 승리하기 위해' 군사적 전술을 사용하기 시작한다. 조직의 전술가인 크리스타벨은 물론, 실비아와 아델라 그리고 에멀린까지 시위, 항의 그리고 국회 진입 등을 이유로 구속됐다. 이외에도 여러 서프러제트들이 수감됐는데, 구속된 서프러제트는 주로 독방에서 모든 것으로부터 차단된 절대적 고립이라는 악랄한 고문에 처했다.

자유당과의 대립이 시작되면서 낙선운동이 주된 전략으로 사용됐는데, 이는 여성 참정권 문제를 외면하고 약속을 번복하며 문제에 대한 답변을 내지 않는 자유당 의원들에게 투표하지 말도록 장려하는 것이었다. 낙선 운동은 효과적이었고, 유력한 당선 후보였던 정치인들마저 낙선하는 경우까지 생겼다. 낙선운동에 힘입어 서프러제트의 투쟁은 대중적 파급력을 가질 수 있었다.

1908년에는 50만 명의 서프러제트가 하이드파크에 모여 여성의 투표권을 요구하지만, 정치 지도층은 무관심으로 일관한다. 게다가 경찰들은 연설자들을 잡아 서프러제트를 반대하기 위해 모인 군중들에게 밀어 넣기도 했다. 이에 크리스타벨은 이 운동을 끝내거나 투쟁 수위를 높이거나 둘 중 하나를 선택해야 한다고 주장한다. 화가 난 서프러제트들은 여성들의 분노에도 꿈쩍하지 않는 애스퀴스 수상 관저의 창에 돌을 던진다. 수동적인 요청만으로는 기득권 정당과 정치인들이 그들의 이야기를 들으려 하지 않았고, 결국 여성 참정권 운동이 폭력 시위 양상으로 진화하게 된 것이었다. 서프러제트가 돌을 던지고 창을 깨는 투쟁을 시작하면서, 그들에 대한 비난의 목소리도 커졌다. 주요한 논점은 '사람을 다치게 하면서까지 당신들의 권리를 주장하는 것이 중요한가'였다. 비난에 대해 에밀린은 이렇게 답했다.

"여러분, 우리 서프러제트가 유일하게 함부로 다루는 것은 우리 자신의 목숨뿐입니다. 사람의 목숨을 함부로 다루는 것은 우리의 적[22]이 하는 일입니다. (중략) 정부가 사람의 삶보다 더 중요하게 여기는 것이 있는데, 그것은 바로 재산을 지키는 것입니다. 그래서 우리는 재산을 부수어 적을 공격할 것입니다."

많은 여성이 거리에 나와 돌을 던지고 창을 깨부수는 데 동참했고, 이로 인해 상당수가 투옥됐다. 그들은 정치적 권리를 요구하다 감옥생활을 하게 된 경우였음에도, 정치범이 아닌 일반 범죄자로 취급돼 더욱 열악한 시설에 수감됐다. 이에 항의하는 의미로 한 서프러제트[23]가 단식을 하기 시작했고 놀란 정부는 그를 석방했다. 이를 본 WSPU는 단식이 효과적인 투쟁 방식이라 여기며 이를 새로운 전술로 사용한다. 특히 에멀린의 큰딸인 크리스타벨은 총 3년의 수감 기간 중 30일만 음식 섭취를 했을 정도로 격렬하게 투쟁한 것으로 유명하다. 사법 당국은 감옥에서 서프러제트가 숨질 경우 그들을 순교자로 칭하며 여성 참정권 운동이 더욱 거세질 것으로 생각했고, 강제 음식 투입이라는 형태의 고문을 도입하기에 이른다. 그러나 당시 의학 기술로는 제대로 된 투입 기구를 만들기 어려웠으므로, 일부 서프러제트는 이 고문으로 평생의 장애를 얻거나 심지어 생을 마감하기도 했다. 감옥은 자신들의 권리를 얻고자 행동했던 이들의 비명으로 가득했으며, 강제 음식 투입 고문은 여성 참정권론자와 전문의들로부터 비난받았다.

1913년에 에멀린은 무려 12번이나 갇히면서도, 투쟁과 단식을 멈추지 않았다. 에멀린과 서프러제트들은 연이은 투옥에 점점 야위어갔다. 이에 정부는 '고양이와 쥐' 법(Cat and Mouse Act), 즉 서프러제트가 건강이 악화되면 풀어주고 건강을 되찾으면 다시 가두는 법을 만든다. 끝이 나지 않을 것만 같은 술래잡기였다. 경찰들은 에멀린이 이야기하거나 행진하는 도중에도 구속했다. 에멀린은 경찰의 괴롭힘을 피하고자 위장을 하기도 했으며, WSPU는 주짓수로 단련된 여성 경호원 단체를 결성해 신체적 공격으로부터 에멀린을 지키고자 했다. 에멀린의 경호원 단체뿐만 아니라 많은 서프러제트가 호신술을 배워 몸을 단련해야만 했다. 1910년부터 보수당과 자유당 사이 여성 참정권에 대한 논의가 진행됐고, 이를 조정법안이라고 불렀다. WSPU를 비롯한 여성 참정권론자들은 이 조정법안을 공개적으로 지지했으며 서프러제트도 휴전 선언을 했다. 하지만 여느 약속들처럼 조정법안 역시 차일피일 결론이 나지 않으면서, 서프러제트는 다시 거리에 나선다.

1910년 11월 18일. 이날은 경찰이 최악의 폭력을 행사한 날로, 서프러제트는 6시간에 이은 물리적 폭력과 저열한 성적 폭력을 당해야 했다. 이 끔찍한 참사의 날은 '블랙 프라이데이'라고 불렸고, 크리스타벨은 이 참사를 여성에 대한 남성의 폭력으로 해석하며 참정권 투쟁이 성 대결이라는 신념을 확고히 하게 된다. 이후 서프러제트들은 경찰들의 무력 진압에 대해 자신의 몸을 방어하기 위해 더욱 열성적으로 주짓수를 배웠다. 이에 주짓수를 서프러짓수(Suffragitsu)라고 부르기도 했다.

서프러제트가 호전적인 전술을 취함에 따라[24] 아델라를 비롯한 일부 주요 구성원이 탈퇴한다. 탈퇴한 멤버 중 일부는 단체의 분열을 막기 위해 공적으로는 WSPU와 에멀린을 지지한다는 의사를 비치기도 했다. 하지만 감옥 내 단식과 재산 파괴라는 투쟁 방식은 다른 여성 참정권론자들의 반감을 사게 됐다. 그들은 WSPU와 연대하지 않겠다 선언하며, 서프러제트의 투쟁이 여성 참정권 획득을 요원하게 만든다고 주장하기도 한다. 이 시기에 언론도 갑론을박을 벌였다. 많은 기자들은 여성들이 에멀린의 연설에 감명받았다 언급했으나, 반대로 그들의 방식이 너무나 급진적이라고 비난하는 언론도 있었다. 점점 거세지는 폭력 투쟁에 정부는 WSPU의 지도층을 지명수배 했고, 조직의 존속을 위해 에멀린은 미국으로, 크리스타벨은 파리로 도피한다.

1914년, 1차 세계대전이 발발하면서 에멀린과 크리스타벨은 런던으로 돌아와 WSPU의 호전적 투쟁들을 일시 중단시킨다. 에멀린은 당시 독일이 전 인류에 위협을 가하는 상황이라 판단했고, 전쟁으로 혼란스러운 국가에 힘을 보태야 한다는 의견을 내세웠다. 산업 및 사회 분야에서 여성들이 빈자리를 채우고 나라가 계속 움직일 수 있도록 노력해야 한다고 주장했고, 거리를 다니는 남자들에 대해 전쟁 참여를 독려하는 흰 깃털 운동을 펼쳤다. WSPU의 일각에서는 갑자기 국가를 위해 헌신하는 것에 동의하지 못하는 이들이 있었고, 이들은 각자 새로운 단체를 구성해 나갔다.[25] 에멀린은 남자들이 전장에 가있는 동안 여성들이 산업 분야에 지원하는 대신, 수감 중인 서프러제트 전원을 석방할 것을 정부에 요구했다.

1918년, 전쟁으로 사회 인적 구성의 변화가 생기자 정부는 선거법을 개정한다. 만 30세 이상 여자에게도 선거권을 부여한 것이다. 여성의 사회 참여를 통해 그들도 국민으로서 제대로 기여할 수 있다고 정부가 인지한 결과였다. 사실 당시는 여성 없이 국가가 운영되기 어려운 상황이었다. 동시에 정부는 여성 전체에게 선거권을 부여할 경우 전시 상황으로 유권자 수가 줄어든 남자들이 '소수'가 될 것을 우려해, 만 20세 이상 남자들에게 모두 선거권을 주는 남자 보통선거권을 도입한다. 완전한 성공은 아니었지만 결국 이뤄낸 투표권 획득에 서프러제트와 서프러지스트들은 환호했다. 많은 온건파와 사회주의자들은 남성 정치 세력과 이제 힘을 합칠 때라며 연합을 지지했다. 하지만 에멀린과 크리스타벨은 여전히 남은 과제들을 위해 남성 정치와의 분리를 유지하기로 한다. 이에 WSPU는 여성의 당(the Women's Party)을 창설하고, 동일노동, 동일임금과 직업 기회 균등 등을 주요 의제로 내세웠다. 크리스타벨은 여성이 처음으로 후보자가 될 수 있었던 1918년 총선거에 출마했지만, 매우 근소한 표 차이로 낙선했다. 일부 여성에게 참정권이 주어졌으나 아직 사회의 인식은 여성을 정치인으로 받아들이기 어려웠던 모양이다. 결국 여성의 당은 실패를 안고 해산하게 된다.

전쟁 이후 에멀린은 여전히 여성의 권리증진을 위해 싸웠지만, 정부의 관료주의에 대항하는 투쟁은 중단했다. 그는 세계 대전과 대서양을 넘나들며 겪은 경험들로 인해 자신의 시각이 변화했다 말하며, 줄곧 지지하던 독립 노동당이 아닌 보수당의 국회의원 후보로 출마한다. 이에 많은 이들이 놀라움을 표하기도 했다. 그의 전기작가는 그의 정당 전향이 더욱 복잡한 이유로 이뤄졌다며, 그가 여성 권리 증진과 반공산주의를 실현하기 위한 현실적 선택으로 보수당을 선택했다고 주장했다. 그의 정치적 입장은 진보도 보수도 아닌 '여성'이었다.

모든 여성에게 투표권을

에멀린은 잦은 연설 투어와 강의, 투옥과 단식 투쟁으로

몸이 쇠약해져있었고, 피로와 질병은 항상 그를 따라다녔다. 그는 결국 1928년 6월, 69세의 나이로 생을 마감한다. 그의 죽음은 영국 전역 그리고 북미에까지 알려졌다. 그와 함께했던 동료와 다양한 인사들이 장례식에 참석했고, 여성들은 WSPU의 깃발을 흔들었다. 전 세계 언론은 그의 죽음으로 신문을 장식했고, 여성 참정권에 대한 지칠 줄 몰랐던 그의 업적을 이야기했다. 그리고 2주 후, 만 20세 이상의 모든 여성에게 투표권을 부여하는 완전 보통선거로 선거법이 개정된다. 40년에 걸친 여성 투표권을 향한 그의 열정과 노력이 드디어 결실을 본 것이었다.

에멀린 팽크허스트와 서프러제트는 다른 여성 참정권론자들보다 더 많이 알려진 편이다. 그나마 그들은 자서전과 회고록을 통해 운동의 기록을 남겼고, 워낙 세간의 이목이 쏠렸던 단체였기 때문에 역사적 자료도 다소 남아있기 때문이다. 6부에 걸친 다큐멘터리 영화 〈어깨를 나란히 하고(Shoulder to Shoulder, 1974)〉와 비교적 최근에 개봉한 영화 〈서프러제트〉는 그들의 공로를 영상으로 기리기도 했다. 하지만 여전히 그들의 이름을 모르는 이들은 많다. 인류의 절반을 해방으로 이끈 주역임에도 말이다.

에멀린의 시대로부터 지금은 얼마나 많이 발전했을까? 여성들이 목소리를 내고 행동하면서 변화가 일어나고 있는 건 사실이다. 하지만 서프러제트가 여성 투표권을 획득하고 100여 년이 지난 지금도 한국의 여성 국회의원 비율이 10%대의

군중에게 둘러싸인 에멀린 팽크허스트(Topical Press Agency, New York City in 1913.)

허들을 넘지 못하고 있는 걸 보면, 그저 투표를 통해 남성 중심 정치에 당위성만을 부여하고 있는 것 같다는 생각이 들기도 한다. 참정권은 비단 투표하는 것만이 아닌 출마할 권리, 선출될 권리, 발언할 권리를 의미하는데도 말이다.

　　오직 여성의 권리만을 위해 싸운 에멀린 팽크허스트 이후 수차례의 페미니즘 물결이 일었지만, 아직도 여성을 향한 차별적 관행은 지속되고 있다. 여성의 권리를 주장하는 이들이 마주치는 사회의 시선은 20세기 초 서프러제트들이 마주했던 반응과 몹시 유사하다. 사회는 동일노동, 동일임금, 균등한 기회, 신체·정신적 안전 등 당연히 보장돼야 할 것들을 요구하는 이들에게 남성 중심의 '가부장제'라는 낡은 체제의 붕괴 위협을 느끼고 있다. 오래된 관습이라도 잘못된 것이라면 손에 쥐고 있을 필요가 없다. 누구나 알고 있는 사실이지만, 관습을 통해 이득을 보는 자에게는 외면하고 싶은 부분이다. 하지만 언제나 왜곡되고 잊혀왔던 우리는 알아야 한다. 역사는 이득을 보는 자가 아닌 불만을 품은 자에 의해 발전돼왔다는 것을.

세 번째

유럽을 점령한 지배자, 예카테리나 대제

Екатерина II Великая

1729-1796

러시아의 황제 · 탁월한 리더 · 계몽주의자

왕이 된 여성. 누가 떠오르는가? 아마 영국의 엘리자베스 왕과 신라의 선덕왕, 또는 이집트의 클레오파트라 정도일 것이다. 그리고 게임을 좋아한다면 '예카테리나'라는 이름을 기억할 수도 있을 것이다. 예카테리나 벨리카야(Екатерина II Великая)[26]는 18세기 역사의 한 페이지를 장식한 러시아 제국의 황제로, 안정과 번영의 러시아 제국을 완성한 '대제'로 평가되고 있다. 그러나 업적보다는 사생활이 더 널리 알려진 왕이기도 하다.

대제라는 칭호는 모든 왕에게 주어지는 수식어가 아니다. 우리가 일부 왕에게만 '대왕'이라는 호칭을 부여한 것처럼 말이다. 역사가들에 의해 왕을 부르는 호칭이 달라지는데, 대제는 뛰어난 업적을 남긴 황제[27]에게 수여하는 영예로운 칭호다. 예카테리나는 러시아의 어떤 왕보다도 국가를 번영시킨 지도자로, 지금까지도 러시아인들의 존경과 사랑을 받고 있다.

'러시아의 자긍심'이자 국가의 부흥을 이끌어낸 왕. 첫 여성 교육기관을 설립하고, 문치정책 등으로 교육과 문학을 장려해 유럽의 철학자들이 열광했던 계몽군주. 변방의 나라를 세계사 중심에 등장시킨 탁월한 리더. 전 세계 역사를 통틀어 유일하게 '대제'로 불리는 여성. 뛰어난 리더십과 처세술 그리고 지식을 겸비한 지도자가 바로 예카테리나 대제였다.

군주는 국민들의 목소리를 직접 들어야 한다.
_예카테리나 대제

독일 귀족, 러시아 왕족이 되다

예카테리나 벨리카야는 예카테리나 2세라고도 불린다. 본명은 조피 프레데리케 아우구스테 폰 안할트체르프스트(Sophie Friederike Auguste von Anhalt-Zerbst)로 독일의 귀족 집안에서 자랐다. 비록 가난한 귀족 가정이었지만, 야망이 남달랐던 그의 모친은 어린 예카테리나에게 프랑스 출신 가정교사의 가르침을 받게 했다.

Catherine[28], the Great. 그는 정말로 위대한 황제였다.

스웨덴 왕실 집안 인물인 모친이 교양과 체면을 매우 중시했기에, 예카테리나는 다섯 살 때부터 모친을 따라 궁정에 출입하면서 귀족으로서의 소양을 배웠다. 그는 학문과 승마에 두각을 보여 많은 이들의 부러움을 샀다. 성실한 귀족일 뿐 큰 꿈을 가지지 못한 부친과 달리, 야심가였던 모친은 먼 친척인 러시아 황실과의 연을 통해 그를 왕실의 일원으로 만든다. 예카테리나와 러시아 황태자의 결혼을 이끌어낸 조력자는 당시 러시아 제국의 황제인 옐리자베타[29]였다. 옐리자베타 황제는 예카테리나의 외삼촌과 약혼을 했던 관계로 그의 집안을 잘 알고 있었기 때문에, 예카테리나의 러시아 황실 입궁을 위한 논의는 원활하게 이뤄졌다.

처음 러시아에 도착했을 때, 그는 러시아어를 전혀 구사하지 못했다. 이는 황태자이자 그의 남편 카를 울리히도 마찬가지였다. 비혼으로 자식을 낳을 생각이 전혀 없던 옐리자베타 황제가 타국에 살던 조카 울리히를 후계로 들였기 때문이었다. 예카테리나 부부는 둘 다 독일계인 프로이센 출신으로 독일어로 소통했지만, 러시아 황실에서 살게 된 만큼 예카테리나는 러시아인이 되기 위해 노력했다. 그는 러시아 정교회로 개종했고, 자신의 이름을 옐리자베타 황제의 모친이자 자신 또한 황제의 자리에 올랐던 여성의 이름인 '예카테리나[30]'로 바꿔줄 것을 간청해 개명했다. 그가 뛰어난 전략가이자 야망가라는 것을 엿볼 수 있는 부분이다. 한때 황제였던 이의 이름으로 불리게 되면서, 사람들이 그를 권력과 연관 지어 생각할 수 있도록 의도했던 치밀한 발상이었다. 이는 옐리자베타 황제의 마음도 동시에 움직일 수 있는 강력한 카드였다.

　　타국의 황실에서 권력을 손에 쥐기 위한 예카테리나의 노력은 여러 방면에서 이뤄졌다. 특히 문화의 뿌리라고 할 수 있는 언어를 완벽하게 구사하기 위해 그는 러시아어 공부에 몰두했다. 졸지 않으려 찬 바닥에 맨몸으로 누워 공부하다 앓아누웠다는 일화에서 나타나듯 그는 참 열성적이었다. '현지화'를 위한 예카테리나의 모든 노력은 러시아 국민을 이해해 좋은 왕실을 만들기 위함이었다. 그는 러시아로 오기 전의 삶을 모두 버리고, 오직 러시아 왕족에 걸맞은 덕목을 갖추기 위해 수년간 매진한다. 그는 다양한 노력과 더불어 어릴 적부터 익혀온 교양과 사교술로 점차 국민들의 지지를 얻게 됐다.

절대 권력의 자리

러시아 황실 생활을 시작하고 18년 후, 예카테리나를 아끼던 옐리자베타 황제가 서거했다[31]. 예카테리나는 장례식이 거행되는 10일 내내 빈소를 지키며 선대왕의 명복을 빌었고, 이를 본 국민들에게 깊은 감동을 주면서 한층 더 단단한 지지층을 확보했다. 이를 두고 일각에서는 예카테리나가 민심을 얻는 방법을 잘 알았던 뛰어난 처세가라고 일컫기도 한다.

1761년 12월, 옐리자베타 황제가 서거하고 예카테리나의 남편 표트르 3세(카를 울리히)가 왕위에 올랐다. 러시아 왕실에 온 후 그남은 향수병을 앓고 있었고 독일식의 군인 놀이에만 열중했다. 그뿐만 아니라 자신이 통치해야 하는 러시아를 후진국이라 칭하며 경멸하기도 했다. 귀족과 국민들의 지지를 쌓아온 예카테리나와는 달리 그남은 러시아인들의 반감을 쌓고 있었던 것이다. 가치관의 차이뿐 아니라 표트르에게는 심각한 신체적 결함이 있어 순탄한 관계를 맺기 어려웠으며, 이후 수술을 통해 간신히 성(性)적으로 기능할 수 있게 됐을 때에는 이미 부부가 서로에게 마음이 없었다고 한다. 여러 방면에서 서로 다르고 맞지 않다 보니 둘의 관계는 당연히 좋을 수 없었다. 결혼 후 18년간 예카테리나와 표트르는 따로 연인을 두고 지냈고, 그남은 심지어 예카테리나를 왕실에서 몰아내려고 갖은 술수를 썼다. 하지만 예카테리나는 이를 미리 예견해 공격을 막아냈고,

자신의 자리를 굳건하게 지켜냈다. 부부는 서로에게 정적(政敵)이었다.

표트르 3세는 평소 품었던 감정대로 기존 동맹국인 오스트리아를 배신하고 적국인 프로이센과 일방적으로 휴전 및 평화협정을 맺는다. 프로이센의 왕에게 쓴 편지에도 '나는 러시아의 황제보다 프로이센의 장군이 되는 게 더 좋다'고 고백을 했을 정도로 그남은 러시아인이라기보다는 독일인에 가까운 사람이었다. 한 나라의 가장 높은 자리에 올랐는데도 그남은 감정적이고 책임감 없는 처사를 계속했다. 표트르 3세는 러시아를 프로이센화하고자 했으며, 나아가 자국민을 탄압했다. 국민들이 이런 사람을 자신들의 왕으로 여길 리 만무했다.

무능한 표트르 3세를 대신해 예카테리나가 일찍이 섭정했으나, 그남에 대한 백성과 귀족들의 반감은 날이 갈수록 거세졌다. 예카테리나는 결국 자신을 지지하는 귀족 및 근위대와 함께 쿠데타를 계획했고, 스스로 군복을 입고 선두에서 군을 이끌어 표트르 3세를 폐위하기에 이른다. 이는 피 한 방울 흘리지 않고 달성한 무혈혁명이었으며, 러시아의 수많은 귀족과 백성들의 지지를 바탕으로 이뤄진 것이었다. 러시아의 거의 모든 군대가 예카테리나의 편에 서서 수도인 상트페테르부르크에 입성했고, 그는 즉시 카잔 대성당에서 자신을 러시아의 황제로 선포했다. 새 시대의 개막이었다. 이는 1762년 7월, 예카테리나의 나이 33세, 표트르 3세의 즉위 6개월 만의 일이었다.

잠자는 북극곰에서 유럽의 신흥 강자로

오랫동안 서구의 변방 국가로 머물렀던 러시아는 예카테리나로 인해 유럽 맹주의 반열에 올라섰다. 그의 방대한 업적 중 가장 자주 언급되는 것이 영토 확장이다. 현재 세계에서 가장 넓은 러시아 영토는 예카테리나 시대의 그것보다 '상당히' 줄어든 것일 정도로 그의 제국은 거대했다. 선대왕들로부터 내려온 오랜 염원인 흑해는 모든 것이 얼어붙는 러시아와는 달리 겨울에도 얼지 않는 부동항인 동시에 유럽과 근접한 지역으로, 전략적 요충지가 될 수 있는 곳이었다. 예카테리나는 통치 초기부터 다져온 탄탄한 경제력을 기반으로 막강한 러시아군을 육성했고, 호기롭게 영토를 확장해나갔다. 그는 마침내 흑해를 확보하고 알래스카를 개척했으며, 폴란드와 오스만 제국의 영토까지 손에 넣었다. 재임 중 100여 개의 새로운 도시를 건설하고 옛 도시를 확장 및 재개발했을 정도로 예카테리나는 대제라는 호칭에 걸맞은 뛰어난 리더십을 발휘한다. 그 결과 대규모 영토와 능수능란한 외교로 무장한 러시아 제국은 서구의 강대국 위치로 당당히 올라서게 됐다.

예카테리나의 또 다른 주요 업적 중 하나는 문예 부흥이다. 그 중심에는 그의 박물관이 있다. 상트페테르부르크 도심 한가운데 자리한 겨울 궁전은 옐리자베타 황제가 총애하던 건축가가 지은 바로크 양식의 궁전이다. 이 궁전의 규모는 예카테리나 대제의 즉위 후 더욱 확대됐다. 예카테리나는 예술품 수집에 열정을 보였고 이를 보관하기 위해 6개의 별관을 세웠다. 이 별관들을 통틀어 '에르미타주(Hermitage) 박물관'이라고 불렀다. 그는 재임 기간 수천 점의 작품을 구매했고, 현재 에르미타주에 보관 중인 작품은 300만 점에 달한다. 한 작품당 1분씩 하루 24시간을 감상해도 5년이 넘게 걸린다는 엄청난 양의 작품을 보유한 박물관이다. 특히 세계 3대 박물관 중 하나인 에르미타주가 모든 예술품을 돈을 주고 정당하게 구매했다는 점에서 러시아인들은 상당한 자부심을 느낀다고 한다[32].

박물관 이외에도 예카테리나는 다양한 문화예술 정책을 펼치며 러시아의 문예 부흥에 심혈을 기울였다. 그는 오페라와 발레 공연을 위한 극장을 세우고, 직접 가극의 가사를 쓰는 등 문화예술 분야에 대해 적극적인 관심을 보인다. 예카테리나의 문치 정책을 통해 러시아 문학·예술·철학·교육 등 많은 분야가 눈부신 발전을 이뤘고, 특히 발레는 이 시기를 통해 러시아의 전통으로 자리하게 된다.

이렇게 엄청난 업적을 이뤄낸 그에게도 비판을 받는 부분이 있다. 바로 계몽주의[33]에 관련한 것이다. 일찍이 독서를 즐기던 예카테리나는 거의 모든 철학 서적을 탐독했다. 특히 황태자비 시절부터 매료됐던 계몽주의 철학을 치세 초반에 중점적으로 적용하고자 했다[34]. 그래서 그는 교육 기회 확대를 위해 최초의 여성 공교육기관을 설립했고, 이후 국가 전역에 무상 교육을 시행했다. 또한, 입법의 틀을 마련하는 법전 편찬을 시도하면서 사회 각층의 대표들을 법전 편찬 위원회 위원으로 선임한다. 이 법전은 완성되지는 못했지만, 그가 계몽주의 철학을 정치에 도입하려 했던 시도로 평가되며 계몽 군주로의 평판을 얻는 주된 계기가 됐다. 이후에도 행정법령 제정을 통한 지방행정 개혁을 시행했고, 영토 확장과 그에 따른 도시 건설로 교통도 발달하게 됐다. 계몽사상이 자유주의 이념을 담고 있기 때문에 경제도 순풍을 탔다. 흑해의 지리적 이점과 시너지를 발휘한 경제적 자유주의를 발판으로 제국의 상공업과 무역은 경쟁력을 갖추며 번성했고 국력은 대폭 신장됐다.

하지만 그는 농노제에 관해서는 귀족의 손을 들어줬고, 이는 계몽주의에 반대되는 정책이었다. 그리고 1789년, 계몽사상의 고장인 프랑스에서 프랑스 혁명이 일어나 왕정 체제를 전복시키는 모습을 본 후, 그는 군주제로 마음을 돌리게 된다. 이러한 이유로 그는 '완벽하지 못하다'며 비난을 받기도 한다. 타국 출신의 황태자비가 쿠데타를 통해 손에 쥔 왕좌. 모든 것이 완벽하지 않은 위치에서 그가 단독으로 계몽주의를 고집하기란 쉽지 않았을 것이다. 그는 농노제의 근본적 개선을 시도했지만, 귀족들의 반발에 부딪혔고, 황제의 자리를 지키고자 자신의 신념을 양보해야 했다[45]. 그렇다면 그 외의 다양한 업적에도 불구하고 그는 불완전한 왕이라 불려야 하는 걸까? 권력만을 추구한 여성이기에 지탄받는 게 맞는 걸까?

신분과 나이를 뛰어넘는 우정

예카테리나 대제에 관해 이야기할 때 빠뜨려서는 안 될 인물이 있다. 근대 이전 러시아 역사에서 유례없는 행보를 보인 여성, 예카테리나 다쉬코바[36]다. 다쉬코바는 예카테리나가 황태자비였던 시절부터 깊은 우정을 나눈 사이이며, 쿠데타를 성공으로 이끌어낸 장본인이다. 황제가 신뢰한 충신이자 공적 영역에서 아주 활발한 활동을 한 인물로, 일부 연구자들은 그를 '소(小) 예카테리나'라고 부르기도 한다.

다쉬코바는 정치적 활동가이자 계몽주의 지식인이었고, 황제의 무한한 신임을 받으며 제국의 학술과 교육 정책을 총지휘한 학자였다. 작곡을 하고 희곡을 쓰는 예술적 재능을 겸비했을 뿐 아니라, 광물 표본을 수집하는 등 다양한 방면에서 지적 활동을 펼친 만능 천재로서 당대의 러시아인뿐 아닌 유럽과 미국인들에게까지 깊은 인상을 남겼다. 하지만 나라를 통치한 왕도 아니고 전쟁을 승리로 이끈 영웅도 아니라는 이유로 소수의 전문가만 알고 있는 '잊혀진' 인물이었다. 1990년대 초, 소련이 해체되고 러시아 역사에 관한 연구가 활발해지면서 여성사 연구도 박차를 가하게 됐고, 다쉬코바의 이름은 긴 암흑에서 벗어나 세상에 다시 알려지게 된다.

그는 귀족식 사교육을 통해 네 개의 언어를 완벽하게 구사했고, 특히 모국어인 러시아어보다 프랑스어를 더 능숙하게 사용할 수 있었다. 마음의 안정을 독서에서 찾았던 어린아이는 열세 살의 나이에 베일, 몽테스키외, 볼테르 등 계몽사상가들의 저서를 탐독했다. 러시아에서 더 읽을 책이 없게 되자 외국에서 책을 구하기도 했을 정도로 지식욕이 무척 강했던 그는 각종 정치 외교문서까지 즐겨 읽으며 정치적 관심과 지적 재능을 길렀다. 다쉬코바는 '독서를 많이 하는 아이'로 유명했고, 이는 당시 황태자비였던 예카테리나에게까지 알려져 있었다고 한다.

표트르 3세는 지적 수준이나 재능 등 많은 면에서 예카테리나와 비교가 되지 않았고, 자기보다 똑똑하고 위엄 있는 예카테리나에게 열등감을 느꼈다. 황태자비라는 불안정한 위치의 예카테리나는 자신의 편이 돼줄 사람을 찾아야 했다. 예카테리나와 다쉬코바는 이런 상황 속에서 운명처럼 만나게 됐다. 공교롭게도 다쉬코바의 언니는 표트르 3세의 연인이었고, 표트르 3세 본인은 다쉬코바의 대부였다. 하지만 다쉬코바는 예카테리나와의 첫 만남에 바로 그의 편이 됐다. 당시 다쉬코바가 16세, 예카테리나는 30세로 열네 살이나 차이가 났지만, 둘은 서로 지적 대화를 나눌 상대가 있음에 기뻐하며 깊은 우정을 나누게 된다. 다쉬코바는 그의 회고록에서 서로의 높은 지적 수준과 재능에 강한 호감을 느꼈다고 당시를 묘사하기도 했다.

"그 당시만 하더라도 여성 가운데 진지한 독서를 한 사람은 황태자비와 나 외에는 없었기 때문에 우리 둘은 서로 상대에게 이끌렸다."

"황태자비가 다른 사람의 마음을 얻고자 할 때면 언제든
지 자유자재로 발휘하던 그 매력은 열다섯 살도 채 안 된 나같
이 소박하고 작은 아이에게는 너무나도 강렬했기에, 그 후로 영
원히 내 마음을 황태자비에게 바치는 것을 거부할 수 없었다."

　　　　　−한정숙, 〈러시아 제국의 두 학술원을 이끈 여성총재〉, 424쪽.

다쉬코바는 표트르 3세와 중요한 국정 문제에 대해 여러
차례 논쟁을 벌였고, 그남에게 불만을 품은 귀족들은 모두 다쉬
코바의 편에 섰다. 그는 왕인 표트르 3세보다 예카테리나가 황
제의 자리에 더욱 적합하다고 여겼고, 최상층의 귀족을 쿠데타
세력에 끌어들여 그들의 지원을 확보한다. 쿠데타는 갑작스럽
지만 순조롭게 진행됐다. 표트르 3세는 순순히 퇴위를 받아들
일 수밖에 없었다. 예카테리나가 군복을 입고 군대의 선두에 섰
고, 다쉬코바 역시 같은 차림으로 예카테리나의 곁에서 말을 타
며 승리의 행렬을 이끌었다. 열아홉 살의 젊은 여성이 쿠데타의
큰 축을 담당했고, 자신보다 나이도 많고 지위가 높은 남성들을
조직해 국가의 혁명을 기획하고 성공한 역사는 현대의 관점에
서 봐도 온몸에 전율이 흐른다.

다방면으로 뛰어난 능력에도 '여성'이기에 자신은 사적
영역에 머물러야 한다고 생각했던 다쉬코바에게 예카테리나는
러시아의 최고 학술 기관 지도직을 제안한다. 다쉬코바는 여성

으로서 그런 직책을 맡을 수 없다고 여러 번 거절했지만, 성별 분업의 틀에서 벗어난 여성 황제는 아랑곳하지 않았다. 몇 번의 거절 끝에 결국 학술원의 리더 자리를 수락한 다쉬코바는 전임 자들이 남긴 엄청난 부채를 모두 갚으며 뛰어난 경영자로서의 면모를 보였다. 재정 상태가 크게 개선된 학술원에서 그는 유능한 학자들을 우대하고 교수들의 처우 개선에도 힘썼으며, 빈곤한 청년들을 위한 장학금 지급을 확대했다. 그는 때때로 강의를 청강하며 가난한 이들이 교육 기회를 가질 수 있게 된 것을 흐뭇하게 여겼다고 한다. 이후 다쉬코바는 문화 학문 발전을 위한 한림원 설립을 예카테리나에게 요청하고, 한림원 총재직을 맡으면서 러시아어의 표준 규범을 마련했으며 사전 편찬을 총지휘하게 된다. 이 사전은 그의 학문적 열의와 조직적 역량의 집결체였을 뿐 아니라, 오랫동안 러시아어 표준사전 역할을 했다. 그리고 그는 오랜 기간 러시아 제국 학술 정책의 최고 지도자로 자리했다.

항상 둘 사이가 좋기만 했던 것은 아니었지만, 예카테리나와 다쉬코바의 근본적인 관계가 무너지는 일은 없었다. 예카테리나의 300여 명에 가까운 젊고 매혹적인 연인들은 그저 정부[37]일 뿐이었고 자식마저 그를 증오했지만[38], 대화가 통하는 오랜 친구이자 조력자인 다쉬코바만은 끝까지 예카테리나의 곁을 지켰다. 이는 다쉬코바의 일방향적 충성이 아니었고, 예카테리나와 다쉬코바 상호 간의 우호적이며 협력적인 관계였다.

예카테리나 대제와 다쉬코바의 일화

옐리자베타 황제의 사망

옐리자베타 황제가 사망했을 때 다쉬코바는 예카테리나가 위험한 상황에 놓일 것이라 예상해, 며칠째 중병에 걸려 누워있던 몸을 이끌고 깊은 밤 극비리에 예카테리나의 침소에 찾아갔다. 그는 예카테리나에 대한 충성을 맹세하며 예카테리나를 위로했다. 대화 내용은 사실상 그를 위해 모종의 거사마저 불사할 것임을 암시하는 것이었다. 예카테리나는 그를 침상에 끌어 올려 몸을 녹이게 한 다음 둘 사이의 유대를 확인했다.

쿠데타와 두 예카테리나

쿠데타 당시 예카테리나는 심리적으로 긴장되고 절박한 상황에 처해있었다. 이때 정열적인 다쉬코바는 몸을 사리지 않고 그를 옆에서 지켰다. 다쉬코바가 이 상황에서 예카테리나를 처음으로 찾아왔을 때 두 사람은 몇 번씩이나 서로 껴안고 위안의 말을 주고받았다. 쿠데타의 성공 후 오랫동안 눈을 붙이지 못했던 두 사람은 작은 마을에 들러 한 방에서 한 침대에 나란히 누워 앞으로의 계획에 관해 이야기를 나눴다.

다쉬코바의 유럽 여행

다쉬코바는 쿠데타 후 유럽 여행을 했는데, 많은 유럽 지성계의 거목들이 그의 천재적인 능력과 풍부한 지식 그리고 논리정연함에 감탄했고 진지한 사유와 논의의 동반자로 그를 존중했다. 최고위층의 정치인 및 각국의 황제를 비롯해 교황까지 그를 환영하며 담소를 나누고 싶어 했다. 그는 존재 자체로 러시아와 계몽주의적 서유럽을 연결하는 외교관의 역할을 했던 것이다. 그의 나이는 당시 29세였다.

그가 자식 교육을 위해 영국 에든버러에서 살 때, 당시 에든버러 대학에서 강의하던 경제학자 애덤 스미스를 비롯한 학문적 거장들은 그를 격주로 방문하며 담소를 나누곤 했다. 프랑스의 유명 철학자 드니 디드로와 볼테르는 특히 그의 지성에 반했고, 오랜 기간 서신을 주고받는 친구로 지냈다.

"두 사람은 당대에 이룰 수 있었던 여성 유대의 최대치를 실현했고, 그 덕분에 두 사람 모두 자신이 도달할 수 있는 최고의 위치까지 도달할 수 있었다."

-한정숙, 〈러시아 제국의 두 학술원을 이끈 여성총재〉, 446쪽.

Catherine, the Great

예카테리나는 이기적이고 사치스러우며 남성 편력이 심했다는 수식어들과 함께 당시의 모든 문제를 해결하지는 못했다는 비난들로 회자된다. 하지만 분명한 것은 러시아 제국이 그의 시대에 황금기를 맞이했고, 그 영광의 흔적은 시간이 흐른 지금도 러시아의 웅장한 영토로 번듯하게 남아있다는 점이다. 명예로운 그 시대는 영화, 드라마 그리고 게임에 이르기까지 다양하게 재현되고 있다. 하지만 많은 경우 매체는 그의 '사치스러움'에 집중하거나 스캔들을 중점적인 내용으로 다룬다. 다른 왕들이었다면 권력을 가진 자이기에 남겼을 수도 있었을 하나의 오점 정도로 기록됐겠지만, 예카테리나와 측천무후[39] 같은 여성 황제들에게는 그 오점들이 거의 유일한 특징인 것처럼 강조된다.

미디어에서 비치는 단편적인 모습만 봐도 그렇다. 전 세계적으로 많은 팬을 보유한 '문명'이라는 게임에는 수많은 지도자 중 한 명으로 예카테리나가 등장한다. 하지만 예카테리나를 수식하는 남성 편력이라는 단어 탓에 많은 게임 사용자들이 그를 '음란한' 이미지로 소비한다. 이런 왜곡된 시선은 시대를 불문하고 여성 권력자를 깎아내리기 위해 존재해왔다.

예카테리나 대제라는 엄연한 호칭을 두고 굳이 여제라고 호명하는 기록들. 그의 수많은 업적과 천재적인 연대는 지우고 부여한 부정적인 수식어들. 무능해서 쿠데타로 폐위된 남편이 예카테리나보다 더욱 뛰어난 군주였다고 날조하는 온라인 문서들. 이제는 예카테리나에 대한 축소와 왜곡이 그에 관한 이야기의 중심이 되도록 둬서는 안 된다. 러시아 제국을 강대국의 반열에 올린 것은 그것의 '초석을 다진' 표트르 1세[40]가 아닌 예카테리나 대제였다.

예카테리나는 죽기 바로 전해인 1795년에 '대제'라는 칭호를 제의받았지만, 자신에 대한 평가는 역사에 맡긴다며 이 제의를 거절했다. 그리고 그는 여전히 예카테리나 대제로 불린다.

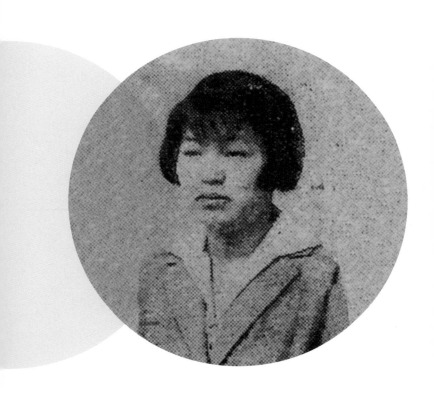

네 번째

조선의 불꽃,
최영숙

崔英淑

1905-1932

민족주의자·여성운동가·노동운동가

'뛰어날 영'자에 '맑을 숙'자를 쓴 이름, 최영숙(崔英淑). 그는 유교사상이 만연했던 조선시대의 최초이자 동양인 최초로 스웨덴 스톡홀름대학 정치경제학과를 졸업해 경제학 학위를 취득한 당시 최고의 엘리트 여성이었다. 아시아 여성이 드물었던 서양에서까지도 인정받을 만큼 대단한 사람이었던 그에게 스웨덴은 제2의 고향이자 제2의 삶을 살 수 있는 기회였다. 그러나 그는 조선으로 돌아가는 것을 택했다. 조국에 대한 그리움과 민족의 독립, 그리고 조선 여성의 해방을 위해 헌신하고자 했던 불타는 마음을 쉽게 져버릴 수 없었기 때문이다. 돌아가는 길도 결의에 가득 차 20여 개 이상의 나라를 거쳐 각 나라의 지도자를 만나 그들의 노동 운동까지 시찰했다. 그가 이렇게까지 했던 이유는 나라를 대신해 조선의 존재와 상황을 세계에 알리고자 했기 때문이다.

그토록 그리워했던 고국에서의 생활은 어땠을까. 놀랍게도 그의 모든 업적은 무시됐고, 콩나물 장수가 돼 갖은 고초 끝에 27세의 나이로 생을 마감했다. 그가 죽은 후에도 추모와 애도 대신 그가 가졌던 태아와 애인에 대해 추론하는 기사가 난무했는데, 이는 여성의 일대기를 자극적인 스캔들로만 다루는 지금과 별다를 바 없다. 당대 최고의 엘리트 최영숙이 존경과 우러름이 아닌 편견과 왜곡된 시선으로 남겨졌던 이유다.

그의 업적은 강인하고 단단하며 거침없다. 왜 그의 이야기가 연애담으로만 알려졌는지 한탄스러울 정도다. 남성 위인의 업적은 상식으로 자리하고 있는 반면에 그와 같은 여성 위인을 자세하게 다룬 콘텐츠는 많지 않아 접하기가 어려웠다. 조금이라도 그의 이야기가 실린 책에서는 대부분 남성 위인을 설명하기 위한 부수적인 역할로 잠깐 등장하고는 사라졌고, 뒷장을 넘기고 또 넘겨도 그의 존재는 정말로 그게 다였다. 어쩌다 그가 등장하는 미디어에서는 콩나물 장수나 젊은 나이의 죽음과 같은 비극적인 결말만을 강조했다. 그의 이름이 다시는 가려지지 않기 위해. 이제야 비로소 선명해진 최영숙, 이 석 자를 꺼내본다.

남녀평등권이 실현된 그들의 생활,
여성들이 행복하고 자유스러운 사회활동이
참으로 부럽습니다.
_**최영숙**

1905년, 경기도 여주에서 최영숙이 태어났다. 부친이 농사를 접고 포목상 사업에 성공해 그의 어린 시절은 유복했다. 어려서부터 매우 총명했던 최영숙은 여주 공립 보통학교를 졸업하고, 14세가 되자 상급 학교에 진학을 원했다. 그러나 조선 후기는 강력한 유교적 가부장제가 확립됐던 시기였기에 양친은 여자가 보통학교를 졸업했으면 그만이라고 생각했고, 그는 완강한 반대에 부딪혔다. 그러나 최영숙은 부친을 끈질기게 설득했고 결국 허락을 받아냈다. 그는 부푼 꿈을 안고 그토록 바라던 서울로 상경해 이화학당(이화 고등보통학교)에 입학한다.

이화학당은 미국 선교사 메리 스크랜턴(Mary Scranton)에 의해 1886년 한국 최초의 여성 교육기관으로 창립된 학교다. 그러나 그가 학구열을 불태우기도 전에 학교는 입학식과 동시에 휴교령을 내렸다. 3.1운동의 여파 때문이었다. 당시 약 3개월가량의 시위를 이어갔던 3.1운동은 참가 인원이 대략 100만여 명에 달했고, 그중에는 그의 학교 선생님과 친구들 그리고 1년 선배인 유관순 열사도 있었다. 최영숙은 그들이 체포되는 것을 지켜보며 조선이 처한 현실을 냉정하게 마주했다. 그리고 독립운동에 투신하기로 한다.

1922년, 우수한 성적으로 학교를 졸업한 최영숙은 곧바로 유학을 위한 채비를 마쳤다. 당시 그와 같이 대의를 품은 여성들은 대부분 일본이나 중국으로 떠났고, 그는 학창 시절의 기억을 떠올리며 임시 정부가 있는 중국 난징(남경) 지역을 선택했다. 타국에서의 시작은 순탄하지 않았다. 이미 고등 과정까지 졸업했으나 중국에서는 조선에서 배운 학력만으로는 대학에 진학할 수 없었다. 그래서 그는 난징에 있는 명덕학교와 회문여자중학교에서 중학 과정을 다시 밟았다. 한국에서 나고 자란 그에게 중국어는 살면서 처음 보는 언어였으나 배운 지 얼마 지나지 않아 중국어를 유창하게 구사했다. 또한 그는 그곳에서도 영어와 독일어뿐만 아니라 성악과 피아노 실력까지 출중해 어느 것 하나 못 하는 게 없는 학생으로 유명했다.

그가 중국에 머물던 시기는 흥사단(興士團)이 안정적인 조직과 체계를 갖추고 활동하던 시기였다. 흥사단은 1913년 도산 안창호가 민족의 독립을 위해 미국 샌프란시스코에서 창립한 민족운동단체다. 흥할 흥과 선비 사자를 쓰는 흥사단은 '선비를 일으키는 단체'라는 뜻과 'Young Korea Academy' 라는 영문 표기명을 가져 말 그대로 청년들에 의한 단체기도 했다. 단체와 관련된 최영숙의 기록은 1924년 흥사단 행사의 일부인 〈국교단절〉이라는 연극에 친구인 임효정과 함께 참가하면서 시작됐다. 독립에 대한 강한 의지를 품고 있던 그에게 흥사단은 아득했던 어둠을 밝힐 수 있는 불빛이었고, 그로부터 석 달 뒤 정식으로 단체에 입단했다.

흥사단에 입단하기 위한 과정은 매우 까다롭고 엄격했는

데 안창호와 마주 앉아 꼬리에 꼬리를 무는 질문에 대답하는 방식으로, 지금의 압박 면접에 비유할 수 있다. 입단 면접을 무사히 마치고 당당히 흥사단의 단원으로 자리한 그는 동맹 독서, 저금, 동맹 체육, 통상보고와 같은 의무를 이행했고, 흥사단의 거처가 상해에서 남경으로 옮겨지면서 더욱 적극적으로 활동에 임했다.

제2의 고향

그는 중국에서 지내는 동안 여성학자 엘렌 케이(Ellen Karollin Sofia)의 저서를 읽게 됐다. 스웨덴의 운동가이자 교육가였던 엘렌 케이는 여성 해방에 대한 논문, 기사, 에세이 등을 집필했고, 《잘못 사용된 여성의 힘》, 《소수와 다수》, 《어린이의 세기》 등의 책을 쓰며 많은 지식인에게 영향을 미친 사상가다. 엘렌의 사회주의 사상은 최영숙에게도 깊은 인상을 줬고, 중국 친구들과 함께 그에 대한 사상과 인격에 관해 토론하기도 했다.

회문 여자중학교를 졸업한 1년 뒤인 1926년, 최영숙은 혈혈단신으로 책과 작은 가방만을 가지고 아무 연고도 없던 스웨덴으로 떠난다. 사회과학을 연구하기 위함과 동경의 대상이었던 엘렌 케이와 여성의 삶에 대한 이야기를 나누고 싶던 것이 그 이유였다. 당시 조선의 여성이 서양으로 유학을 가는 것은 흔치 않

엘렌 케이(1849-1926)

스웨덴에서 태어난 그는 20년간 교사로 근무하다 잡지에 글을 기고함으로써 문필가 활동을 시작했다. 이는 여성 운동과 교육 운동에 앞장서 활동하는 계기가 됐고, 주로 루소와 니체 같은 사회주의 인물들에게 영향을 받았다. 그는 억압돼온 여성과 아동, 그리고 개인의 해방을 주장한 교육사상가로 이름을 날렸다. 그의 이런 활동은 근대 여성들에게 큰 영감과 깨달음을 줬고, 이는 먼 타국의 최영숙에게까지도 이어져 둘은 서신을 주고받기도 했다.

엘렌은 스웨덴을 세계적으로 유명하게 만든 인물이지만, 살아있는 동안에는 오히려 자국민에게 비난과 조소를 받았다. 그의 마지막 저서는 평화주의와 전쟁 문제에 관한 〈젊은 세대들(Die junge Generation)〉이라는 논문이었는데, 그 책이 발행된 며칠 뒤 두 개의 선물을 받는다.

하나는 스웨덴에서 온 것이었고, 하나는 외국에서 온 것이었다. 외국에서 온 선물은 꽃과 함께 고맙다는 편지가 들어있었고, 스웨덴에서 온 선물은 갈기갈기 찢어 놓은 논문과 그를 욕하는 편지가 들어있었다. 국내에서는 인정받지 못했으나 외국에서 찬 사를 받았던 인물이라는 점에서 최영숙과 비슷하게 닮아있다.

은 일이었기 때문에 〈동아일보〉는 그의 스웨덴 유학 소식을 국내에 전하기도 했다. 최영숙은 그런 사람들의 기대를 안고 스웨덴 유학행에 몸을 실었다. 당시 그의 나이는 고작 21세였다.

동양에서 서양으로 이동하는 과정은 번거롭고 오래 걸렸다. 도중에 그는 사회주의 서적을 과다하게 소유하고 있다는 이유로 일본 경찰에게 체포되기도 하는 등 험난한 여정 끝에 스웨덴 땅을 밟을 수 있었다. 스톡홀름에 도착했을 때는 난징을 떠난 지 무려 두 달이 지나있었다. 어렵사리 다다른 스웨덴의 날씨는 그간의 고생을 위로하듯 따뜻했으나 그의 마음은 그렇지 못했다. 아는 사람이라고는 한 명도 없는 낯선 나라에서 그가 마음 붙일 곳은 없었고, 심지어 오랜 시간 만남을 염원했던 엘렌 케이마저 그해 4월에 이미 고인이 된 뒤였다.

그는 낙심하며 한 달 동안이나 밤낮을 가리지 않고 울기만 했다. 그러나 그는 조선에서 건너온 불꽃, 최영숙이었다. 이대로 있으면 안 된다는 생각이 든 그는 이내 자리를 박차고 일어났다. 로마에서는 로마법을 따르라는 말처럼 스웨덴에 왔으니 그는 그 나라의 언어를 알아야 했다.

그는 스톡홀름에서 북쪽으로 한 시간가량 떨어진 시그투나라는 마을의 작은 학교인 시그투나 인민학교[11]를 찾아갔다. 시그투나는 최영숙이 스웨덴에 오는 데 도움을 준 K.F.U.K[12]와 교류가 있었던 도시였고, 시그투나 인민학교는 학생을 모

목적을 가지고 있는 이상 울기만 해서 아무 소득이 없다는 것을 겨우 깨닫게 됐습니다.

집할 때마다 K.F.U.K에서 발간하는 잡지에 모집 광고를 싣기도 했기에 그가 이곳에서 유학 생활의 초석을 다질 수 있었던 걸로 보인다. 학교 최초의 외국인이었던 그는 스웨덴어와 스웨덴에 관한 기초 지식과 역사, 문화 등을 배웠고, 친구도 사귀며 스웨덴 생활에 적응해나갔다.

스웨덴으로 오면서 그의 주머니 사정은 넉넉지 못했다. 난징 유학 시절에는 집에서 어느 정도 유학비를 보태줬지만, 부친이 사업에 실패해 유학비를 더는 챙겨줄 수가 없어 스스로 학비를 벌어야 했다. 그래서 그는 낮에는 학교에서 스웨덴어를 배우고, 밤에는 베개에 자수를 놓으며 하루도 허투루 쓰지 않았다. 중국에서 인정받았던 실력답게 스웨덴어도 금방 배웠다. 약 8개월간 기초 공부를 마친 그는 그해 9월, 스톡홀름 대학교의 정치경제학과에 입학한다. 최영숙은 한 번 결심한 것은 더 크게 이뤄내는 사람이었다.

1927년, 동양인 최초로 스톡홀름 대학교에 입학한 최영숙은 서양인들에게 여전히 이방인이었다. 조선이라는 나라 자체를 몰랐던 동기들은 처음에는 그를 이상하게 여겼다. 그러나 시간이 지나면서 차츰 그들과 가까워졌고, 그 이후 그는 본격적으로 스웨덴에서의 생활을 만끽했다. 여름이면 수영을 했고, 겨울이면 스키를 탔다. 그는 광활한 자연 속에서 평화를 느꼈고 스웨덴을 떠난 후에도 대학 시절을 회상하며 설경의 아름다움을 그리워했다.

그는 학비를 벌기 위해 베개에 수놓는 일뿐만 아니라 외국어 교사, 잡지 기자 등의 부업을 해왔다. 그중에서도 가장 놀라운 점은 그가 스웨덴 황실에서 연구보조원으로 일했다는 사실이다. 1926년, 구스타프 6세 아돌프는 아시아 곳곳을 돌며 자료를 수집했는데, 최영숙은 그 목록을 작성하고 중요 내용을 스웨덴어로 번역하는 일을 맡았다. 조선어, 일본어, 중국어, 영어, 스웨덴어까지 섭렵한 그는 황태자의 총애를 한몸에 받았고, 그 덕분에 스웨덴 지식인들과도 교류하며 폭넓은 인맥을 쌓았다. 1953년 스톡홀름 대학 자연과학부 학장 스텐 베르크만 박사가 동식물 표본을 수집하기 위해 조선을 방문했을 때 그의 안부를 물어 그 사실을 입증했고, 마주쳤을 때면 그가 조선에 대한 이야기를 해줬다고 회상했다. 이러한 일화는 그가 조선을 알리기 위해 다양한 노력을 해왔다는 것을 다시 한번 일깨워준다.

　　사회주의를 따라 스웨덴까지 오게 된 그는 자본주의 경제학 같은 분야에는 흥미가 없었다. 그가 이수했던 다섯 개의 과목은 국가지식론, 사회교육법, 사회복지와 보호론, 사회위생학, 국가 경제학이었다. 스웨덴의 전반적인 사회 사정과 조직을 연구하면서 그의 관심은 사회 복지와 노동 운동과 같은 실용주의적 학문으로 변화했다.

　　그는 학교 공부에만 머무르지 않고 스웨덴의 실황을 직접적으로 부딪치며 서구 사회를 경험했다. 1928년 1월 스웨덴에서 국제부인자유평화회의[43]가 개최됐다. '제국주의자들의 식민

정책'이라는 강연을 들은 그는 강연 내용에 크게 공감해 강사였던 스위스 대표를 직접 찾아가 이야기를 나눴다. 심지어는 그를 따라 스위스의 국제대학으로 학교를 옮기고자 구체적인 계획까지 세웠으나 경제적인 이유로 실현하지 못했다. 그는 일본의 침략으로 고통받고 있는 한국의 상황을 세계의 다른 나라에 지속적으로 알려야 한다고 생각했다.

> 수양이란 것이 오직 서적을 읽는 데만 있는 것이 아니고 실지적 생의 싸움을 실험하는 데 있다는 것을 깨닫게 됩니다.

그는 평소에도 새하얀 한복을 입고 자신의 정체성을 보여 줬고, 시그투나 인민학교를 다닐 때에도 학교 잡지에 글을 투고하며 조선의 현실을 알렸다. 그는 '한국의 청년들(Koreansk Ungdom)'이라는 제목의 기사에서 일본의 침략으로 젊은 청년들이 조국의 자유를 위해 투쟁하고 있으며 일본의 억압을 피해 타국으로 탈출하는 사실을 실었고, 춤을 추며 행복해하는 스웨덴 청년들을 보면서 감옥에 있는 자신의 가난한 동지들을 생각한다고 썼다.

이 신문에서는 그와의 인터뷰를 다뤘고 그는 "우리가 필요한 것은 지식, 더 많은 지식", "우리는 자유인, 자유 부인, 자유 국가가 되기 위한 방법을 배워야 합니다"라고 말해 자신이 어떤 목적으로 스웨덴까지 왔는지를 함축적으로 알려줬다. 그 영향으로 '동양 여자의 해방 운동'이라는 주제의 강연도 진행해 스스로의 존재를 확립했다. 그의 남다른 카리스마와 대담한 성격이 드러나는 부분이다.

최영숙이 스웨덴에서 보낸 4년은 그 나라를 파악하기에 충분한 시간이었다. 조선에서 살아온 18년에 비하면 얼마 되지 않는 시간이었지만 스웨덴은 가부장제가 뿌리 깊게 박혀있는 조선과는 확연히 달라 비교가 될 수밖에 없었다. 그럼에도 그는 자신의 현재를 비관하며 절망하기보다는 오히려 더욱더 스웨덴의 실상을 샅샅이 살폈다. 당시의 스웨덴의 여남(女男)은 평등을 추구했고 정치적으로나 경제적으로나 차별이 덜했다. 가정에서는 자녀들을 구속하지도 않았고 부모 자식과 부부 간에도 평등한 관계로 지냈다. 사회생활에서는 노동임금에 있어서만은 여직공이 남직공보다 임금을 덜 받았지만, 어느 직업이나 노동조합의 세력이 커 이 차별을 철폐하기 위해 각 조합에서 노력했다.

그는 그 안에서도 여성의 삶을 주목했고 특히나 여성 노동자들의 삶에 관심을 가졌다. 스웨덴에서 보내는 생활은 즐거웠지만 지내면 지낼수록, 공부를 하면 할수록 조선의 여성들이 그의 머릿속을 스쳐 지나갔다. 그는 자기 자신과 직간접적으로 맞닿아있는 여성들을 사회적으로 해방하기 위한 방법을 계속해서 찾았고, 어떻게 해야 조선을 변화시킬 수 있을지에 대해 고민했다.

"아이들과 여성들이 자유로운 천지에서 힘 있게 뻗어 나가는 것이 제일 부러웠습니다. 특히 그곳에서 제일 많은 여공들 예를 들면 연초 전매국이나 성냥 제조장 같은 데서 노동하는 여성들까지도 정신상으로나 경제상으로나 풍유한 생활을 하는 것이 퍽 부러웠습니다. 그들에겐 일정한 노동시간과 휴가가 있을 뿐만 아니라 그들이 받는 임금은 생활비를 빼고도 반은 남습니다. 그들은 노동복만 벗어놓으면 가장 유복한 숙녀들입니다."

세계 여행에서 찾은 해답

1930년, 공부를 마친 최영숙은 스톡홀름 대학교에서 경제학 학사 학위를 받는다. 방 안에만 틀어박혀 눈물을 쏟아내던 모습은 더 이상 없었다. 원했던 공부와 가까워진 동기들은 대학 생활을 행복하게 만들었고, 생활비는 마땅치 않았으나 부업으로 견딜 수 있었다. 이제 창창한 미래를 꿈꿀 차례였다. 그는 막강한 엘리트였고, 무엇이든 해낼 능력이 있었다. 그러나 그는 스웨덴까지 오게 만든 자신의 고향 조선을 여전히 그리워했고, 역경에 처해있는 조선 여성을 위해 일하겠다는 결심이 서면서 하루빨리 고국으로 돌아가고 싶은 마음뿐이었다. 스웨덴에서 알고 지냈던 유력인사는 그를 친자식처럼 아껴 그가 떠난다는 소식을 알고 금전을 보태주려 했으나 그가 거절하자 돈이 떨어지면 언제든 연락을 하라고 당부하며 여행의 편의를 부탁하는 소개장을 써줬고, 구스타프 6세 아돌프 황태자도 그의 귀향을 만류했지만 아무도 최영숙의 확고한 마음을 굽힐 수 없었다.

혈혈단신 20세에 / 시베리아 머나먼 길

삼등차에 몸을 싣고 / 밤낮으로 떠나와서

서전이란 낯선 땅에 / 고객(孤客)된 지 3년이라

3년이란 기나긴 날 / 눈물인들 얼마이며

한숨인들 그 얼만가 / 말 모르는 외국 땅에

금전까지 없을 때에 / 이 내 마음 어떠하랴

가을 하늘 달 밝을 때 / 울고 가는 기러기 떼

하염없이 바라보며 / 멀리 계신 부모님과

사랑하는 동생들아 / 아 – 언제나 만나볼까

동편하늘 바라볼 때 / 붉은 햇빛 떠오른다

금수산에 비취든 해 / 2천만의 배달민족

천재인재(天災人災) 슬퍼 울면 / 황천이 살피소서

일기장에 남몰래 눈물 젖은 문장을 적어왔던 그는 1931
년, 제2의 고향이었던 스웨덴에서의 마침표를 찍었다. 고국으
로 돌아가는 길도 평범하지 않았다. 러시아와 중국을 거쳐 들어
오는 방법이 있었으나 그는 다른 나라의 정세를 살피고자 세계
일주를 하기로 결심한 것이다. 여비가 충분하지는 않았으나 돈
보다는 경험을 더 중시했던 그는 자신의 여정이 조선에 긍정적
인 영향을 가져올 수 있을 거라 믿었다. 그렇게 세계를 돌아다

니며 한국의 상황을 알린다면 독립과 해방으로부터 가까워질 거라는 희망을 품은 것이다.

그는 덴마크, 러시아, 독일, 프랑스, 이탈리아, 그리스, 터키, 이집트, 인도, 베트남 등 무려 20여 개국을 여행하며 각국의 문명을 접했고, 며칠씩 머무르며 지도자들을 만나 회담을 나누는 등 리더십을 보여줬다. 그는 이집트에서 다음 목적지를 인도로 정했다. 인도는 그에게 있어 중요한 나라였다. 그곳에는 '사로지니 나이두[44]'와 '마하트마 간디[45]'가 있었다. 스웨덴에서 공부할 당시 그는 인도의 시인이자 사회운동가이며 정치가였던 사로지니 나이두와 알고 지내는 사이였다. 인도를 대표하는 인물이었던 나이두는 간디만큼이나 저명한 운동가였다.

그는 나이두에 대해 '그가 훌륭한 인물이라는 느낌에서 친해지고 싶은 마음보다 은연중에 그가 믿음직한 한 동지로 생각됐으니 아마도 같은 입장을 가지고 있기 때문인가' 싶다며 그와 가까워진 이유를 적기도 했다. 인도도 한국처럼 식민지 상태였고, 그들의 상대였던 영국과 일본은 섬나라라는 공통점이 있었다. 또한 나이두도 여성이었기에 어디서도 찾지 못했던 안정감을 느꼈다. 그가 인도로 간다고 결정했을 때 이집트의 친구들은 그를 말리기도 했다. 열대지방인 인도 날씨를 버틸 수 있을까 싶어 그의 건강을 우려했다. 그러나 한낱 더위는 그의 앞길을 막을 수 없었고 배를 타고 건너가 인도에 도착한다.

7월 초 아침, 그는 인도의 국민회의[46] 연설을 듣기 위해 집회 장소에 참석했다. 이집트에서 인도로 떠나는 항로에서 우연히 만난 나이두의 조카인 로라는 이름의 남자와 함께였다. 그곳에는 서있을 곳이 없을 만큼 사람들이 가득했다.

그는 두 시간 동안 인도 독립에 있어 중요 인물들의 연설을 들었다. 그 후에는 나이두의 소개로 간디와의 고대하던 만남을 가졌다. 그가 간디를 처음 대면한 순간이었다. 간디를 만난 후 그가 적은 감상평은 이러했다.

"간디 씨가 누구인지 모르고 처음 만나는 사람은 늙은 원숭이와 같이 생긴 괴상한 사람이라고 생각할는지도 모르겠다. (중략) 그의 외모는 보잘것없지만 그의 인격, 그의 정신, 그의 행동은 세계 인류에게 막대한 영향을 주고 있는 것이다."

그는 인도의 지도자들을 '영웅'이라고 칭할 만큼 존경해 인도에서 4개월을 머물렀다. 많은 나라를 돌아다녔지만, 조선이 모방해야 할 나라는 인도라고 생각했다. 인도에는 운동의 주축을 세우는 훌륭한 지도자들이 있었으며 그들은 단체를 만들어 사람들을 이끌었다. 또한, 인도 국민들도 한마음으로 힘을 모아 국민운동에 주력했고, 그뿐만 아니라 계급타파 운동도 진행해 불합리한 악습을 없애고자 했다. 그 과정에서 인도 여성들의 사상도 급격하게 변화했다. 적극적으로 민족운동에 나섰고, 당시 옥중 생활을 하는 여성들이 수백 명에 달했다. 인도의 구체적인 사례들은 계속해서 방법을 모색하던 그에게 고국의 문제를 해결할 수 있는 답을 줬다.

"인도 국민 2억 5,000만 명 전체가 국민운동이나 계급 타파 운동을 한다고는 할 수 없습니다. 그러나 인도 국민이 잘살 길을 찾기 위해 분발하고 있는 것은 사실입니다. 덕분에 넉 달간 이곳에서 지낸 나까지도 꽤나 씩씩해졌습니다."

그는 지내는 동안 나이두, 간디와 교류하며 친분을 쌓았는데 특히 그가 나이두에 대한 일화를 서술한 부분이 흥미롭다. 나이두는 타지마할 호텔[48]에서 지내고 있었고, 최영숙은 그 맞은편에 살아 둘은 종종 만나 이야기를 나누며 같이 음식을 먹기도 했다. 하루는 오후 다과 시간에 초청을 받아 갔더니 각국의 신문기자들이 앉아있었다. 그들은 불복종운동[49] 때에 간디의 뒤를 이어 군중을 지휘하던 일부터 감옥에 들어가서 아홉 달 동안이나 고생할 때 지낸 이야기에 대한 질문을 했고, 나이두는 그에 대한 답변을 해주던 중이었다. "그런데 빈궁한 인도 민족을 위해 일하는 나이두 선생님께서는 이렇게 화려하고 값비싼 호텔에 계십니까?" 나이가 젊은 기자가 무례를 범하며 물었다. 간디에게는 하지 않은 질문이었다. 나이두가 어이없다는 듯이 대답했다. "그야 내가 인도를 위해 매년 하는 일이며 그로 인해 발생하는 이익이 얼마인지 모를 것인데, 이까짓 호텔이 그리 귀할 것이 있습니까?" 타지마할 호텔은 인도의 자유운동 중 수많은 회의를 가졌던 상징적인 곳이었고, 나이두뿐만이 아닌 다른 지도자들도 몇 년 동안 지내왔던 장소였다. 최영숙은 나이두가 말을 할 때면 얼굴에 나타나는 표정에 매우 힘이 있다고 말했다.

　나이두는 그에게 매우 친절했는데 만날 때마다 조선 사정을 물으며 그를 돕고자 했다. 그 사정을 인도에 소개하라며 여러 번 권유해 그는 조선에 가서 여러 가지 정세를 파악한 뒤에 소개하겠다고 약속했고, 후에는 그가 인도를 떠난다고 하자 이곳에서 신문기자를 하는 게 어떻겠냐고 설득했다. 그도 사정만 허락된다면 오랫동안 머물고 싶었지만, 고국으로 돌아가 해야 할 일이 있었기에 남을 수 없었다. 나이두가 그에게 큰 영향을 미친 것은 확실했다. 자신도 나이두와 같이 조선 여성들에게 힘을 실어주리라 거듭 생각했을 것이다. 그는 회고하는 글에서 나이두의 재주와 수완, 꾸준한 노력에 경의를 표했다.

　인도 사람들은 인정이 넘쳤고, 음식도 맛있었다. 짧지만 많은 것을 경험했던 인도에서는 좋은 기억뿐이었다. 하지만 이곳에서 영원히 살 수는 없었고, 그는 자신이 온 이유가 무엇인지 떠올렸다.

콩나물을 팔게 된 사연

　1931년 11월 겨울, 최영숙은 많은 이들의 관심을 받으며 금의환향했다. 그가 떠날 때부터 그의 행보는 화제의 중심이었고 귀국했다는 소식 또한 주목을 받았다. 그도 그럴 것이 한인 최초로 스톡홀름 대학 경제학사를 취득했고, 세계 일주를 마치고 돌아왔기 때문이다. 귀국한 직후 그에게 앞으로의 계획을 묻자 이렇게 답했다.

"조선으로 돌아올 결심을 했을 때, 경제운동과 노동운동에 몸을 던져 살아있는 과학인 경제학을 현실에서 실천해보려 했습니다. 공장 직공이 돼 그들과 같이 노동운동을 할 마음도 있었습니다. 그러나 집에 와보니 형편이 어려워 당장에 취직이 걱정입니다. 스웨덴에 있을 때, 그 나라 신문에 투고해 조선을 다소 소개도 해보았고, 동무 중에도 신문기자가 많았습니다. 신문기자 생활에 관심이 많습니다. 조선의 실정을 아는 데도 제일일까 합니다."

그가 말했던 것처럼 집안의 형편은 생각보다 더 심각했다. 첫째 동생은 학교를 졸업해 출가했고, 둘째 동생은 학교 교사로 일하면서 양친과 함께 정신병을 앓는 남자 형제를 부양하고 있었다. 가족들은 그가 귀국만 하면 모든 걱정이 사라질 거라 믿었고, 그 또한 그렇게 생각했다. 전문적인 경제학사 과정을 공부했고, 5개 국어도 자유롭게 사용할 수 있었으며, 세계 곳곳에는 그의 친구들이 있었다. 가는 곳마다 능력을 인정받았던 인재 중의 인재였다. 그러나 세상은 그의 맘 같지 않았다. 조선은 일제 식민지배와 세계 경제 대공황으로 경제적 어려움을 겪고 있어 일자리를 구하기란 매우 어려웠고 남성을 선호하는 사회 분위기는 고학력 여성과 함께 일하기 부담스럽다는 이유로 그와 여성들의 사회진출을 막았다. 외국어 교수, 학교 교사, 신문사 기자 등을 지원했으나 그를 받아주는 곳은 단 한 곳도 없었다. 그 시기 여성 취업자 수가 무려 10%나 하락했고, 그와 같은 엘리트 여성들이 종사할 수 있었던 교육과 언론, 예술, 의료 등의 속하는 직종에서 여성이 차지하는 비율도 1%를 넘지 못했다. 결국 오직 조선을 위해 살았던 그에게 돌아온 것은, 아무것도 없었다.

그는 여전히 조국과 민족을 사랑했고 그들의 일이라면 망설이지 않았다. 귀국 전부터 수양동우회와 흥사단이 통합한 민중계몽단체인 동우회에 가입했고, 귀국 후에는 경성 여자 소비조합에서 활동했다. 더 나아가 김활란이나 박인덕, 황애시덕과 같은 여성들과 함께 여성들의 경제 지식과 의복제도 개량, 시간 경제관념 등을 실천할 것을 주장하는 계몽운동에 주력했고, 노동하는 청년들의 삶의 길을 찾게 하는 것을 목적으로 공민학교 설립을 위해《공민독본⁵⁰》도 함께 편찬했다. 유학 생활에서 배운 것을 여성들에게 전파하고자 한 것이다. 그러다 낙원동 여자 소비조합의 유지가 어려워 곤란함을 겪고 있다는 소식을 들었다. 그는 바로 돈을 빌려 손해를 감수하면서까지 조합을 인수했다. 그러고서는 소비자 운동을 위해 서대문 밖 교남동 큰 거리에 작은 점포를 빌려 배추, 감자, 마른 미역 줄기, 미나리, 콩나물을 팔기 시작했다. 이것이 바로 그가 콩나물을 팔게 된 사연이다. 콩나물 장사로는 당연히 가족의 생활비를 충당할 만큼의 돈은 벌 수 없었고, 그는 극도의 가난과 마주했다.

그는 끼니를 굶기 일쑤였지만 할 일은 했다. 장사도 하고, 취직자리도 찾아보며,《공민독본》을 쓰기 위해 도서관도 다녔다. 그를 곁에서 보고 있던 그의 친구 임효정은 괘념치 말고 자신의 집에 와있으라고 권했지만, 자신의 가족이 굶주리는데 어떻게 혼자서만 배불리 먹냐며 거절했다. 가족들은 유학을 다녀왔음에도 변변찮은 직장도 구하지 못한 그를 원망하지 않고 변함없는 신뢰와 사랑을 보냈으며 그 또한 가난에 쪼들리면서도 자신의 유학 생활을 견뎌준 가족들에게 고마움을 느껴 자신이 그들을 책임져야 한다는 생각을 가지고 있었다. 그래서 몸을 혹사하면서까지 무리하게 일을 강행했고 조금씩 그의 몸은 망가지고 있었다. 어느 것에도 무너지지 않고 버텨온 그였지만 결국 실신하고 만다.

그렇게 실려 간 병원에서 밝혀진 병명은 영양실조부터 소화불량, 각기병 그리고 임신중독증[51]까지 참담하기 그지없었다. 산모라도 살리고자 낙태 수술을 한 후에 세브란스 병원으로 후송됐으나 그의 건강은 이미 회복될 수 없는 상태였다. 1932년 4월, 최영숙은 귀국한 지 단 5개월 만에 27세의 나이로 갑작스럽게 세상과 영영 이별한다. 그는 집의 고무신을 모아다 전당포에 맡기며 양식을 구하면서도 누구에게도 경제적으로 곤란하다는 사실을 말하지 않았다. 그러나 애인에게 부치지 못한 편지에는 누구도 원망할 수 없던 처절한 슬픔이 담겨 남겨진 이들의 가슴을 쓰리게 했다. "돈! 돈! 돈! 나는 돈의 철학을 알았소이다!"

그의 끝은 비극적이었지만 단순히 그 사실만을 기억해서는 안 된다. 최영숙은 자신의 삶에 자부심과 자긍심을 가지고 살아왔다. 그는 민족주의자이자 사회주의자였고 여성과 노동자의 해방을 위한 운동가였으며 그들을 위해 아무도 가지 않은 길을 선택했던 인텔리 여성이었다. 과거 역사에서 그의 삶은 빛을 발하지 못했으나 최근에서야 이름이 알려져 우리의 삶에 영향을 미치고 있듯이 선두에 서서 실천한 여성의 흔적과 기록은 어떻게든 의미가 있다는 것을 보여준다.

최영숙에게 사랑이란

죽은 뒤에도 그는 편하게 눈을 감지 못했을 것이다. 그가 임신한 상태였던 것이 알려지며 추후에 큰 파장을 불러일으켰기 때문이다. 그의 숨겨둔 애인[52]이 조선인이 아닌 타국의 남성이라는 것과 사생아를 출산했다는 점이 논란의 중심이 됐다. 그가 왜 먼 서양으로 떠나 학문을 배웠는지, 왜 다시 조국으로 돌아왔는지, 왜 일찍 죽을 수밖에 없었는지와 같은 그의 삶에는 관심이 없었다. 오랫동안 그의 사생활만이 곱씹혔던 이유도 그를 위인이라 생각하지 않고 '여성'으로서만 조명했기 때문이다. 그래서인지 그의 일화를 소개하는 글 중에는 사랑이라는 단어가 꽤 많이, 자주 나타난다. 막상 그의 일생을 살펴보면 스웨덴에서 받았던 구애를 거절했던 글과 국가와 가족의 안위를 걱정하는 글뿐이었다.

"그러나 S군아, 네 사랑 아무리 뜨겁다 해도 이 몸은 당당한 대한의 여자라, 몸 바쳐 나라에 사용될 몸이라 네 사랑 받기를 허락지 않는다."

상대를 열렬히 좋아하는 마음을 제외한 사랑의 의미는 '부모나 스승, 또는 신(神)이나 윗사람이 자식이나 제자, 또는 인간이나 아랫사람을 아끼고 소중히 위하는 마음의 상태', '남을 돕고 이해하고 가까이하려는 마음'이라고 서술된다. 그의 일생을 함부로 단정 짓기는 어렵지만, 그에게 있어 사랑은 '여성 동지 간의 연대'였을 거라 생각한다. 학창 시절부터 함께해 서로를 의지해왔던 절친한 친구 임효정부터 그가 가야 할 길을 인도해준 엘렌 케이, 진심을 다해 그를 돕고자 했던 사로지니 나이두까지. 그들은 그의 인생에 있어 빠질 수 없는 인물들이며 각자의 방식으로 서로를 지켜내고, 보듬고, 협력했다. 이것이 사랑이 아니라면 이 세상에 사랑은 없는 것과 같다. 혹여나 인생에서 아직 이와 같은 사랑이 없음에 서글퍼하지 않았으면 한다. 우리에게는 이제 최영숙이 있다.

PART 2

열정의 개척자

다섯 번째

하늘의 슈퍼스타,
아멜리아 에어하트

Amelia Mary Earhart

1897-1937

파일럿 · 작가 · 패션디자이너

1903년 비행기가 발명된 후 1차 세계대전에서 큰 역할을 하게 되면서 '비행의 시대'가 열렸다. 요즘이야 비행기를 타고 하늘을 나는 일이 아무것도 아니지만, 라이트 형제가 12초 동안 하늘을 날았던 최초의 비행 이후 실질적으로 비행이 가능한 비행기가 만들어진 백여 년 전(1905), 초창기의 비행이란 대단히 큰 용기가 있어야 했다. 그런데 이 모험과 개척의 역사에 참여했던 간 큰 파일럿이 있었으니 그가 바로 여성으로서는 최초로 대서양 횡단비행에 참가했던 아멜리아 에어하트(Amelia Earhart)다. 대서양을 무착륙으로 횡단한 첫 여성이었기에, 미국 국회로부터 공군 수훈 십자 훈장, 프랑스 정부로부터 레지옹 도뇌르 훈장, 허버트 후버 대통령으로부터 내셔널 지오그래픽 협회상 금메달을 수여받았다.

아멜리아는 그 시대를 대표하는 아이콘이었다. 우리나라로 치면 IMF 외환위기 때 미국에서 트로피를 휩쓸던 골프 황제 박세리나 피겨 스케이팅으로 전 세계를 뒤흔들었던 김연아 같은 존재였다. 아멜리아가 활약하던 1930년대는 경제 대공황으로 많은 사람이 좌절에 빠져있던 시기였다. 이런 상황에서도 그는 투철한 도전정신으로 각종 모험에 뛰어들었다. 홀로 비행기를 타고 대서양을 횡단한 여성의 등장은 사람들에게 커다란 자극을 주며 위기를 극복할 수 있다는 희망을 불어넣어 줬다. 그는 여성이 각자의 능력으로 평가되기를 바라며 항공 및 기타 분야에서 여성이 가질 기회를 홍보하기 위해 많은 시간을 보냈다.

다른 사람이 할 수 있고,
하려고 하는 일을 하지 말고
다른 사람이 할 수 없고,
하지 않으려는 일에 도전하라.
_**아멜리아 에어하트**

타고난 모험가

여성들이 과거보다 훨씬 더 많은 업적을 공유하는 것이 내 소망이다. 그리고 곧 그렇게 될 것이다.

아멜리아는 1891년 7월 24일 미국 캔자스주 애치슨에서 태어났다. 어린 시절에는 집안 형편이 어려워 모친의 본가에서 지냈다. 그의 부친은 가난한 변호사였는데, 육아에 적극적인 남성이었다. 시간이 날 때마다 아멜리아와 동생 뮤리엘을 데리고 먼 거리도 마다치 않고 캠핑을 다녔다. 그 덕분에 아멜리아는 새로운 사람들과 새로운 곳을 탐험하는 것에 매료됐다. 아멜리아는 나무를 오르거나 소총으로 쥐를 잡는 소문난 개구쟁이였다. 도전정신도 남달라 썰매를 탈 때는 스릴을 즐기기 위해 일부러 급경사를 골라 타고 내려갈 정도였다. 남자아이가 거칠게 놀았다면, 장차 크게 될 아이라며 극찬했겠지만, 동네 어른들과 아멜리아의 할머니는 활발하게 뛰어노는 아멜리아를 못마땅하게 생각했다. 그는 이런 상황이 반복되자, 여성에게는 제약이 많다는 것을 일찍 깨달았고 그 이유에 의문을 가졌다.

한번은 아멜리아가 동네 여자아이들을 모아 야구팀을 만들어 공터에서 야구를 하자 동네 어른들이 아멜리아 집에 몰려와 불만을 토로한 적도 있다. '여자아이는 조신하게 자라야 한다'는 잘못된 교육철학 때문이었다. 그러나 그의 모친은 한 번도 아멜리아를 혼내지 않았다. 오히려 집으로 쫓아온 동네 사람들에게 "나는 아멜리아를 지금처럼 밝은 아이로 키우겠다" 고 으름장을 놓는 바람에 모두 입도 뻥긋하지 못하고 집으로 돌아가야 했다. 그의 할머니는 이런 아멜리아의 모친을 못마땅 해 했다.

아멜리아는 어린 시절 동안 계속해서 미래의 직업을 탐구 했다. 삶에서 진정으로 자신이 정열을 가지고 몰두할 수 있는 일을 찾고 싶었다. 그래서 그는 영화 연출 및 제작, 법률, 광고, 관리 및 기계 공학을 포함해 주로 남성 중심이던 분야에서 성공 한 여성에 대한 기사를 모은 스크랩북을 보관했다. 부친은 꿈이 많은 아멜리아를 위해 할머니 몰래 농구 골대를 만들어주거나 썰매를 선물하며 세심하게 보살폈다. 아멜리아의 모친은 세상 의 편견에 굴하지 않는 우직한 사람으로, 아멜리아가 자신감을 잃지 않도록 따뜻한 격려를 보내줬다. 이런 양친의 아낌없는 지 원은 아멜리아가 끝없이 도전하는 용기를 가지며 살아가는 데 중요한 밑거름이 됐다.

1913년, 온 가족이 미네소타주 세인트폴로 이사했다. 그 의 부친은 알코올 중독과의 싸움에서 패배해 직장을 잃고 요양 원에 들락날락했고, 그곳에서도 아멜리아의 부친이 일자리를 구하지 못하자 모친은 아이들을 데리고 그남을 떠나 시카고로 이주했다. 아멜리아는 이 때문에 평생 알코올을 멀리하게 됐다. 이곳저곳 옮겨 다닌 탓일까. 과학 분야에서 뛰어난 재능을 보였 지만, 불안정한 청소년기를 보낸 그는 고등학교 재학 내내 친구들과 사이좋게 지내지 못했다. 1916년에는 시카고에서 하이디 파크 고등학교를 졸업하고, 졸업 후 필라델피아의 오곤츠 학교에 입학해 적십자 응급처치 과정을 수강했다. 안정을 찾은 아멜리아는 부반장으로 활약하며 학창 시절을 보냈다.

1914년, 1차 세계대전이 터지자 아멜리아는 학업을 중단하고 1918년 휴전 이후까지 캐나다 토론토에서 부상병들을 돌보는 간호사로 봉사활동을 했다. 졸업 대신 자원봉사를 택한 것이다. 이는 아픔을 함께 나누고 극복하자는 아멜리아의 시대정신을 엿볼 수 있는 대목이다. 아멜리아는 이 경험으로 평생 전쟁에 반대하는 평화주의자가 됐다.

> 당시에는 경황이 없어 몰랐는데 나는 그 작고 빨간 비행기가 휙 지나가면서 나에게 무언가 말해줬다고 생각한다.

토론토에 있을 때, 그는 우연히 친구와 함께 비행 박람회에 참석했는데 비행 직전의 스턴트 남조종사가 아멜리아와 그의 친구에게 다가와 말을 걸었다. 그남은 "내가 비행기를 움직이는 것을 지켜봐 주세요!"라고 말하고는 하늘로 날아올랐다.

비행의 시작

1919년, 휴전 이후 그는 컬럼비아 의대에 합격해 파운데이션 코스를 밟고 있었다. 하지만 재결합한 양친과 함께 살기 위해 1년 후 그들이 살고 있는 캘리포니아로 이사했다. 1920년 아멜리아는 부친과 함께 롱비치에서 열린 에어쇼에 참석했다. 그는 파일럿 프랭크 호크스와 함께 처음으로 비행기를 타고 날아오르며 비행이 운명이라고 생각하게 됐다.

아멜리아는 본능적으로 비행에 이끌렸다. 1921년부터는 조종사 네타 스누크와 함께 비행 수업을 시작했고 1921년 12월 15일, 아멜리아는 버트 키너(Bert Kinner) 비행장에서 미국 항공협회 NAA(National Aeronautics Association)에서 발급되는 자격증을 취득했다. 그는 비행기를 구매하기 위해 트럭 운전사, 사진사, 속기사로 밤낮없이 일하며 돈을 모았다. 자매인 뮤리엘과 모친 에이미에게 도움을 받아 1922년에 첫 비행기인 키너 에어스터를 샀다. 아멜리아는 이 비행기에 카나리아라는 애칭을 붙여줬다.

지상에서 떨어진 지 얼마 되지 않았을 때, 나는 내가 비행해야 한다는 것을 알았다.

그러나 아멜리아는 값비싼 취미활동을 계속할 만큼 돈을 벌 수 없었다. 설상가상으로 양친이 다시 이혼하면서, 비행기를 팔고 차를 사서 보스턴으로 되돌아갔다. 아멜리아는 컬럼비아 대학에 재입학하고 싶었지만 학비가 터무니없이 부족했다. 그는 어쩔 수 없이 사회복지사가 돼 시리아와 중국 이민자들에게 영어를 가르쳤고, 시간을 내서 꾸준히 비행을 즐겼다. 그는 1922년 10월에 고도 4,300m의 기록을 세워 국제항공연맹의 16번째 파일럿으로 공인을 받는 영광을 누렸다. 아멜리아는 정식 파일럿의 자격으로 미국 항공협회 보스턴 지부에 합류했으며 여성의 항공계 진입을 옹호하며 신문에 출현하기도 했다.

1928년, 엄청난 부자였던 피츠버그 철강의 상속인 에이미 게스트가 대서양을 횡단하는 최초의 여성이 되고자 했다. 그러나 그의 가족들은 그가 목숨을 잃을 수도 있는 위험한 비행에 도전하는 것을 극구 반대했다. 이 행사 개최 측에서 에이미 게스트의 역할을 대신할 여성 파일럿을 찾고 있었고, 에이미 게스트의 면접 끝에 아멜리아가 채택됐다. 어려운 상황에서도 비행을 게을리하지 않았기에 찾아온 기회였다. 에이미 게스트는 호감형 외모와 단정한 품행, 반짝이는 눈빛을 가진 아멜리아를 무척 마음에 들어 했다.

1928년 6월 17일, 역사적인 날이 밝았다. 아멜리아는 연료탱크와 조종석 사이에 겨우 자리를 잡고 앉았다. 이 비행에는 남파일럿 윌머 스털츠와 남성 정비사 겸 파일럿인 루이스 고든이 함께했다. 비행기 '우정'이 뉴펀들랜드에서 출발하자 윌머 스털츠와 루이스 고든은 번갈아가며 능숙하게 '우정'을 조종했다. 아멜리아는 기장으로서 함께했지만, 비행을 주도할 정도의 실력을 갖추지 못한 상태였고 스스로도 그 점을 잘 알고 있었다.

좁은 비행기 안에서 꼼짝없이 쪼그려있는 바람에 아멜리아의 온몸이 쑤셔왔다. 그래도 그는 꼼꼼하게 날씨, 고도, 속도 등을 기록하며 비행에 온 힘을 다했다. 뉴펀들랜드를 떠난 지

20시간 40분 만에 영국 웨일스에 완벽하게 착륙했다. 그들을 보기 위해, 아니 비행기로 대서양을 건넌 최초의 여성 아멜리아를 보기 위해 사람들이 벌떼처럼 몰려들었다. 아멜리아는 어안이 벙벙했다.

　다시 미국으로 돌아왔을 때 화려한 브로드웨이 환영 퍼레이드가 금의환향한 아멜리아를 맞이했다. 언론에서도 난리법석이었다. 신문과 잡지 1면은 모두 아멜리아를 다룬 기사들로 채워졌다. 출판업자 조지 퍼트남은 아멜리아의 비행 계획을 세운 사람으로, 예상했던 대로 아멜리아의 인기가 하늘을 찌르자 이를 십분 활용해 비행의 경험을 바탕으로 쓴 책을 출판했다. 아멜리아가 쓴 《20시간 40분》은 곧 엄청난 인기를 끌었고, 덩달아 아멜리아의 스타일까지 유행하기 시작했다. 당시 여성들이 즐겨하는 스타일은 아니었지만 아멜리아의 짧은 머리와 가죽점퍼, 바지는 여성들에게 사랑을 받았다. 여자아이가 태어나면 '아멜리아'라고 이름을 지어주기도 했을 정도로 당시 아멜리아의 명성은 대단했다. 책 홍보 담당자인 퍼트남은 헌신적으로 그를 밀어줬다. 아멜리아는 인기에 힘입어 전국 북 콘서트 투어를 다니며 〈코스모폴리탄〉 잡지의 항공 편집자로도 일했다.

　아멜리아는 청혼을 받아도 거절했고, 여자가 직업을 갖는 데 장애가 될 뿐이라는 이유로 친구들에게도 결혼하지 말라고 조언했다. 아멜리아는 결혼제도를 '매혹적인 새장'이라 부르며 퍼트남의 청

여성에게 결혼은 가정부 로봇의 삶을 사는 것이다.

혼을 6번이나 거절했지만 끝내 결혼을 승낙했다. 경제 대공황이 미국을 휩쓸 때에도, 9년 동안 아멜리아를 정성껏 내조해 그가 마음껏 날아오르도록 했고 그가 명성을 얻는 데에 크게 일조한 인물이었기 때문이다. 그렇지만 그는 결혼 당일까지 그남에게 '각자의 일과 즐거움을 방해하지 않을 것이며, 서로 행복할수 없다면 나를 보내 달라'며 자유결혼을 요구하는 편지를 보냈다. 아멜리아는 결혼이 여성에게 어떤 것인지 누구보다 잘 알고 있었다.

아멜리아가 그남을 사랑했는지는 알 수 없으나 그의 표현에 따르면 그들은 '쌍방 합의에 의한 이상적인 관계'를 유지했다. 퍼트남 또한 아멜리아가 승승장구하도록 도왔다. 아멜리아는 '퍼트남 부인'으로 불리기보다 자신의 이름으로 불리기를 원했고, 그남 또한 공공연하게 자신을 'Mr. Earhart'라고 소개하기도 했다. 이 부부는 세간의 관심을 받으며 할리우드 스타들뿐만 아니라 프랭클린 루스벨트 대통령 부부와도 친분이 있을 정도였다.

단독 대서양 횡단 비행에 도전하다

1929년 11월 2일, 여성 파일럿을 위한 최초의 조직 나인티 나인스(The Ninety-Nines)가 탄생했다. 아멜리아는 단체장이 돼 일하는 동안 미국 상업 항공사의 발전을 위해 노력하고, 여성 파일럿의 비행을 장려하자고 외치며 후배양성에 힘썼다. 퍼듀 여성 대학에서는 여성의 진로에 관한 상담사로까지 활동했다. 이런 다양한 활동에도 불구하고 그는 여성 린드버그[53]라는 뜻의 레이디 린디(Lady Lindy)라고 불렸다. 사람들의 주목을 한몸에 받던 아멜리아는 그저 대서양을 건넌 여성으로 찬사를 받는 것이 불편했다. 스툴츠와 고든의 공로를 빼앗는 것 같아 마음 한구석이 늘 찜찜했다. 사람들이 자신의 한계를 정해주는 것 같은 기분도 들었다. 높은 위상을 가진 그는 만족을 몰랐다. 그의 도전정신이 다시 한번 불타올랐다.

1927년 찰스 린드버그가 대서양 횡단에 세계 최초로 성공한 이후 수많은 파일럿이 대서양 횡단에 나섰지만 모두 목숨을 잃었기 때문에 쉽게 내릴 결정은 아니었다. 사람들은 아멜리아의 계획을 듣고 무모하다며 말렸다. 아멜리아는 4년간의 고민 끝에 이제는 그 위험한 도전에 나서야겠다고 결심했다. 파일럿으로서 명예를 회복하는 것이 자신의 목숨보다 중요하다고 생각했기 때문에 내린 결정이었다.

난 여자 린드버그가 아니라 파일럿 아멜리아 에어하트다. 언젠가는 혼자 힘으로 대서양을 건너 내 능력을 증명해 보일 것이다.

1932년 1월의 어느 아침, 갑작스럽게 이 결정을 들은 그의 남편은 그럴 줄 알았다는 듯이 사랑스럽게 웃었다. 그 남은 내조에 일가견이 있던 남성이었기에 아멜리아가 돈을 모을 수 있도록 도왔다. 아멜리아는 곧바로 중고 비행기를 알아봤고, 강연과 광고를 하며 돈을 모아 '베가 5B'를 구입했다. 록히드사에서 출시한 베가는 속도와 비행거리에 집중해서 만들어진 비행기로 파일럿들 사이에서 운전하기 까다로운 비행기로 알려져 있었다. 남들이 두려워한다는 그 비행기는 아멜리아의 호기심을 자극하기에 충분했다.

1932년 5월 20일 저녁, 뉴펀들랜드에서 아멜리아가 탄 베가가 이륙했다. 하지만 얼마 되지 않아 고도계 바늘이 왔다 갔다 하고, 엔진에서는 연기가 피어올랐다. 연거푸 폭풍우까지 몰려왔다. 그는 돌풍과 빗줄기를 헤쳐 가며 캄캄한 어둠 속을 날아야 했다. 한 번씩 비행기가 곤두박질칠 때에는 포기하고 돌아갈까 생각했다. 하지만 돌아가는 길도 위험하기는 마찬가지였다. 목숨을 걸고 호기롭게 떠난 모험을 포기하고 빈손으로 돌아갈 수는 없었다. 아멜리아는 자신이 원하는 그 길을 따라 나아갔다. 계획했던 최종 목적지는 프랑스 파리였지만 열악한 날씨와 중간에 고장 나버린 비행기 때문에 1분 1초라도 빨리 착륙해야 했다.

해가 뜨고 비행한 지 14시간 56분이 지나고 있었다. 아멜리아는 발아래로 육지가 보이자 활주로가 될 만한 곳을 찾아 어느 목초지에 착륙했다. 그는 녹초가 돼 비행기에서 내렸다. 마침 지나가는 목동에게 "이곳이 어디냐"고 물었다. 목동은 "북아일랜드 런던데리"라 답했다. 아멜리아는 속으로 환호성을 질렀다. 북아일랜드는 뉴펀들랜드에서 3,200여 킬로미터 떨어진 곳이었고, 린드버그가 세운 33시간 32분이라는 기록을 깨고 최단시간 대서양 횡단 비행이라는 기록을 세운 것이기 때문이다. 그는 택시를 타고 시내로 가 사람들에게 전화를 걸어 대서양 횡단에 성공했다고 알렸다. 그는 그렇게 대서양 횡단 비행을 한 최초의 여성이 됐다.

> 모험은 그 자체만으로도 해볼 만한 가치가 있다.

영원한 비행

아멜리아는 평소에 여성 파일럿을 위한 의류에 관심이 있었다. 남성을 타깃으로 만든 비행복이 여성들에게는 적합하지 않았기 때문이다. 그는 어린 시절 배웠던 재봉기술을 활용해 여성의 신체 구조에 적합한 비행복을 개발하기 시작한다. 그의 첫 작품은 느슨한 바지, 지퍼 탑 및 큰 주머니가 달린 비행복으로 '활동적인 여성'을 공략하면서 전통적인 여성복의 틀을 깨트렸다. 1933년 아멜리아는 자신의 이름을 딴 브랜드를 열었고 자신의 의류 라인을 만든 최초의 유명인이 됐다. 그의 옷들은 미국 전역의 30개 도시에서 판매됐지만, 대공황의 영향으로 큰 성공을 거두진 못했다. 궁극적으로 실패했지만 '아멜리아 패션'은 당시 파일럿이나 디자이너가 할 수 없었던 영역에서 모범을 보였고, 활동성과 실용성에 중점을 둔 여성복의 유행에 큰 기여를 했다.

1937년, 서른아홉 살의 아멜리아는 지루한 일상에 지쳐 갔다. 하루하루가 무의미해 새로운 자극을 원했다. 새로운 모험을 떠날 적기였다. 비행이 궁극적인 해답이 될지는 모르겠지만 그에게는 이 길이 자신의 숙명이라는 확고한 신념이 있었다. 그는 세계 일주에 도전하기로 한다. 적도를 따라 지구를 한 바퀴 돈다는 목표였다. 3월 17일에 떠난 첫 번째 비행은 비행기의 오작동으로 실패했지만, 그는 아랑곳하지 않고 그해 6월 1일 항법사와 함께 다시 날아올랐다. 비행을 시작한 지 3주 후 아멜리아는 대서양을 횡단하고 아프리카를 거쳐 인도에 도착했다. 그는 캘커타에서 남편에게 전화를 걸어 '인력 문제'가 생겼다고 말했다. 함께 비행하던 항법사가 알코올 중독자였다는 것이다. 그의 남편은 비행을 중단하라고 애원했다. 그러나 그의 의지를 꺾을 수 없었다.

그리고 7월 2일, 아멜리아는 태평양 창공에서 홀연히 사라졌다. 이런 죽음을 예상했던 것일까. 그는 생전에 이런 말을 하기도 했다. "나는 내 비행기에서 죽고 싶다. 한순간에 말이다." 미국은 대규모 군대를 동원해 아멜리아를 찾아 나섰지만 아무런 단서조차 발견되지 않았다. 그를 사랑했던 많은 사람들이 슬픔에 잠겼다. 아멜리아의 비행 기록은 여성 파일럿들을 고무시켰고, 전투기, 글라이더, 연습용 비행기를 다루던 여성 공군 파일럿단(Women Airforce Service Pilots)의 1,000명이 넘는 여성 파일럿이 2차 세계대전에서 수송기 파일럿으로 활약하는 결과를 가져왔다. 누구도 가지 않은 하늘길을 날다가 마법처럼 사라진 그의 실종은 아직까지도 미스테리로 남아있지만, 아멜리아가 가졌던 불굴의 도전 정신과 자유로운 영혼은 그가 힘차게 가르던 저 하늘 어딘가에 새겨져있을 것이다.

가장 어려운 일은 행동하기로 결단하는 것이다.
나머지는 끈기만 있으면 된다.
두려움이란 종이로 만든 호랑이에 불과하다.
일단 결단을 내린 후에는 무슨 일이든 해낼 수 있다.
자신의 삶을 바꾸고 통제하기 위해 행동에 나선다면,
과정과 절차는 저절로 따라오기 마련이다.

여섯 번째

최초의 프로그래머,
에이다 러브레이스

Ada Lovelace

1815-1852

수학자·최초의 프로그래머·기호학자

모든 것이 연결된 시대, 코딩은 필수로 배워야 하는 교과목이 됐고 IT 분야는 생활과 밀접한 산업으로 자리잡았다. 그리고 이러한 흐름의 시작에는 최초의 프로그래머 이자 천재 수학자인 에이다 러브레이스(Ada Lovelace)가 있다. 그가 생을 마감한 지 100여 년이 지나고 나서야 컴퓨터과학 분야에서 업적을 조명하기 시작했지만, 그의 능력과 공로에 대해 지난한 논란이 계속됐다. 이러한 논란이 일어난 이유는 다름 아닌 기록의 부족이었다. 에이다에 대한 기록은 그가 친구 겸 동업자와 주고받은 편지, 주변 인물들이 남긴 단편적인 회고록 그리고 그의 출생 · 결혼 · 사망을 알리는 신문의 기사 정도가 전부다.

이제야 STEM 분야에서는 에이다가 조금씩 알려지고 있다. 그를 선망해 IT 업계에 몸담거나 이공계 학업에 도전하게 됐다고 말하는 여성들도 종종 보인다. 하지만 앨런 튜링은 교과서에 나오지만 에이다의 존재는 찾아보기 어려워서 그의 대중적인 인지도는 (특히 한국에서는) 아주 낮다. 컴퓨터가 근간이 되는 4차 산업혁명의 출발점에 있는 우리는 이제부터라도 컴퓨터과학 분야에 관심을 가질 필요가 있다. 그리고 그 관심의 시작이 에이다 러브레이스가 됐으면 한다.

컴퓨터는 우리가 명령하는 방법을 알고 있는 것은
무엇이든 계산해낼 수 있다.
_에이다 러브레이스

시는 절대로 안 돼!

에이다는 유명 시인 조지 고든 바이런[54]이 유일하게 혼인 관계에서 얻은 자식이었다. 바이런에게는 공식적으로 알려진 혼외 관계의 자식이 둘이나 있었고, 이외에도 많은 이들과 추문을 뿌리고 다녔다. 바이런은 성별을 가리지 않고 연애를 즐겼으며, 모든 모임에 초대받는 영국 사교계의 꽃과 같은 존재였다. 화려한 모습과 달리 그남에게는 어릴 적 부친으로부터 물려받은 엄청난 양의 부채가 있었는데, 이에 대한 압박의 탈출구로 결혼을 결심한다. 당시 바이런은 친동생과의 연애 스캔들, 다양한 추문들로 고민하고 있었다. 그남은 거액의 상속이 예정돼있다고 소문난 앤 이자벨라 밀뱅크[55]에게 구애했고, 둘은 서둘러 결혼한다.

결혼한 해인 1815년 12월, 앤이 에이다를 낳았지만, 여전히 바이런은 자신의 동생인 어거스터에게 집착했고 다른 이들과의 연애도 지속했다. 바이런의 지나친 방탕함과 무절제함을 참을 수 없었던 앤은 에이다가 태어난 지 한 달 후 그남을 떠난다. 법에 따라 에이다의 양육권은 부친인 바이런에게 전적으로 부여됐지만, 바이런은 양육의 의무를 전혀 지려고 하지 않아, 앤 혼자서 에이다를 키워야 했다. 얼마 후 바이런은 감당이 되지 않는 부채와 늘어가는 스캔들로 영국에서 추방당하듯 떠났으며, 딸인 에이다에게도 평생 찾아오거나 연락조차 하지 않았다.

에이다는 그렇게 모친과 할머니의 전적인 보호 아래 성장하게 된다. 어려서부터 그는 병치레가 잦았고, 시력을 상실할 정도의 두통을 앓기도 했다. 심지어 14살에 홍역에 걸렸을 때에는 3년이라는 투병 생활 후 겨우 지팡이의 도움으로 다시 걸을 수 있었다. 비록 신체적으로는 병약했지만, 그는 특출나게 영특한 아이였다. 19세기 영국에서는 여성이 수학을 배우는 일은 몹시 드물었으나 에이다는 아주 어린 시절부터 모친의 교육 철학 덕분에 수학과 논리학을 배웠다. 모친인 앤이 뛰어난 수학자였던 것도 이 같은 교육 방식에 큰 역할을 했을 것이다. 하지만 에이다가 수학 공부를 하게 된 계기는 단지 앤 자신이 수학을 좋아해서만은 아니었다.

그는 딸이 남편인 바이런의 광기와 무책임한 성격을 닮을까 걱정했고, 그남의 고약한 특성들이 문학적인 상상력에서 비롯된다고 생각했기에 에이다를 최대한 문학과 상상에서 떨어뜨려 놓으려고 했다. 평생 본 적 없지만, 워낙 유명했던 부친 덕에 태어났을 때부터 에이다의 이름은 사람들의 입방아에 오르내렸다. 그가 문학적 재능이 있는지 없는지는 많은 이들의 관심거리였다. 사람들의 시선과 남편에 대한 증오로 앤은 에이다의 수학 교육에 열정을 쏟았다. 에이다는 상상력이 작동될 것이라 여겨지는 모든 행동을 제약받았고, 다섯 살 때는 자세가 흐트러지지 않도록 널빤지에 누워 수업을 받았다. 앤은 에이다가 세 살 때부터 유모에게 신신당부했다. "무엇보다 아이에게 항상 진실을 말해주셔야 합니다. 머릿속에 환상을 심어줄 만한 터무니없는 이야기는 절대 하지 마세요!"

조금의 여유라도 생기면 상상이 머릿속을 장악할까 걱정한 앤은 항상 에이다의 학습 시간표를 만들어 가정교사에게 전달했다. 여덟 살 에이다의 시간표는 오전 10시부터 오후 5시까지 꽉 차 있었다. 하프 연주, 프랑스어 공부, 수학 공부, 음악 공부, 그리고 복습과 독서까지. 어린 에이다는 매일 정해진 일정대로 공부하고 또 공부했다. 많은 과목 중 에이다가 재능을 보인 건 단연 수학이었다. 그는 공식을 빠르게 이해했고 문제를 풀어내는 데에 뛰어났다. 열성적인 교육과 천부적인 소질로 에이다는 인간 계산기, 당시 용어로 말하자면 '컴퓨터'로 성장한다. 그의 가정교사 중 한 명이자 앤의 절친한 친구였던 오거스터스 드모르간[56]은 에이다를 두고 '인류의 독창적인 수학자로 성장할' 수 있을 거라 말했다고 한다.

한적한 마을에 있는 집에서 가정교사와 공부만 했던 에이다에게는 친구가 없었다. 함께 사는 고양이 퍼프가 유일한 친구였기에 에이다는 무료함을 달래기 위해 혼자서 흥미로운 일들을 발견해야 했다. 열 살쯤, 그는 비행에 관심을 두게 된다. 1800년대는 산업혁명으로 도시 곳곳에 공장이 들어서고 있는 시기였고, 부자들 사이에서는 아이들을 데리고 공장 구경을 가는 것이 유행이었다. 교육열이 높은 앤 역시 영특한 자신의 딸에게 기계 공학 기술을 보여주고자 함께 공장 견학을 갔다. 어린 에이다는 이 견학이 상당히 흥미로웠는지, 그날 이후 그가 앤에게 보낸 편지에는 하늘을 나는 기계 이야기로 가득했다.

에이다는 새의 모양을 본떠 비행 기계를 만들 수 있을 것으로 생각해, 죽은 까마귀의 날개를 유심히 관찰했고 깃털에서 모종의 규칙을 찾기도 했다. 그는 새에 관한 연구를 더욱 자세히 하기 위해 모친에게 조류 해부학에 관련한 책들을 구해달라고 요청했고, 열심히 연구해서 비행에 대한 책을 쓰고 싶어 했다. 그는 증기기관을 동력으로 하는 말과 새 모양의 비행 기계를 설계했다고 한다. 하지만 그의 비장한 계획은 모친의 걱정을 다시 한번 불러일으켰고, 심각한 홍역을 치르게 되면서 그는 비행에 대한 꿈을 접을 수밖에 없었다.

기계에 매료되다

건강을 회복할 무렵 에이다는 평생의 인연인 메리 서머빌[57] 선생님을 만나게 된다. 새로운 가정교사로 온 메리는 지금까지의 교사들과는 다르게 에이다를 존중했고 진심 어린 조언을 아끼지 않았다. 그래서인지 에이다는 그를 가르친 많은 스승 중 메리 서머빌을 가장 좋아하고 잘 따랐다고 한다. 메리는 에이다에게 만유인력의 법칙 같은 여러 가지 과학 이론과 원리를 가르쳤고, 그에 흥미를 느꼈던 에이다의 눈은 늘 반짝였다. 메리는 여러 권의 책을 쓰고 새로운 이론들을 제시한 뛰어난 수학자이자 과학자였지만, 여성이라는 이유로 자신을 낮게 평가했다. 에이다는 그런 메리를 이해할 수 없었고, 성별에 상관없이 누구든 독창적인 생각을 발전시켜 깊이 있는 연구를 할 수 있다고 여겼다. 성별 때문에 자신의 연구를 낮춰 말하거나 남들에 의해 폄하된다는 건 에이다에게 참을 수 없는 일이었다.

열일곱 살이 되던 해, 에이다는 런던 사교계에 입문하게 된다. 그 나이 아이들이 사교계에 들어가는 것은 보통 배우자를 찾기 위해서였지만, 에이다는 여러 사람과 교류하고 지식을 나누는 것에만 관심이 있었다. 외진 동네에서 공부만 하며 살던 그에게 다양한 시각을 경험할 수 있는 런던은 말 그대로 신세계였다. 새로운 사람들과의 새로운 이야기에 심취한 그는 모친에게 '약혼자를 찾기 위해 노력하지 않을 것'이라는 편지를 쓴다. 누구보다도 지적인 자극을 추구한 에이다다운 다짐이었다. 그렇게 새로움 가득한 6개월이 지나고, 에이다는 메리의 권유로 그의 절친한 친구인 찰스 배비지(Charles Babbage)의 연회에 참석한다. 배비지는 사교계를 주름잡는 사람이자 유명한 수학자 겸 과학자였다. 그남은 자신의 집에서 자주 연회를 열었고, 그곳엔 각계각층의 인사들이 모여 강연과 낭독을 하는 등 다양한 행사가 진행됐다[58]. 그리고 집안 곳곳에는 배비지가 사랑하는 기계들이 전시돼있었다. 물론 에이다의 눈길을 끈 것은 화려

에이다 러브레이스의 초상화

한 파티나 유명인사들이 아닌 이 기계들이었다.

에이다와 배비지는 서로 잘 통했다. 연회에 참여한 많은 사람 중에 배비지가 발명 중인 기계를 제대로 이해하고 질문을 하는 이는 에이다가 유일했다. 첫 방문에 에이다가 관심을 보였던 기계가 바로 차분기관이었는데, 에이다는 차분기관이 세상을 바꿀 수 있는 혁신적인 물건이라고 생각했다. 많은 계산가(컴퓨터)들은 수학에 관한 관심이나 흥미 없이 매일 반복적으로 계산을 해야 했고, 실수도 빈번하게 발생했다. 자동으로 계산하는 기계인 차분기관이 있다면, 인간의 실수도 줄이고 그들의 시간을 더욱 가치 있고 의미 있는 곳에 쓸 수 있을 터였다. 이후 에이다와 배비지는 잦은 왕래를 하며 친한 친구 사이가 됐다.

"내가 좋은 아내가 될 수 있을지 모르겠어. 나는 미래를 위한 계획도 무척 많고, 경험해보고 싶은 것도, 공부하고 싶은 것도 아주 많거든!" 에이다는 자신에게 청혼한 윌리엄 킹에게 이렇게 말했다. 하고 싶은 것들이 너무 많은 자신이 누군가와 결혼할 수 있을지 에이다는 확신이 없었다. 킹은 남편을 위해 헌신하는 배우자는 자신도 원치 않는다며 에이다를 설득한다. 그남의 끈질긴 제안 끝에 둘은 결혼하게 됐고, 이후 킹은 러브레이스라는 백작 작위를 받았다. 이로써 에이다는 에이다 러브레이스(Augusta Ada King, Countess of Lovelace)가 됐다.

최초의 프로그래머

킹과의 결혼 후 에이다는 아이 셋을 낳고 기르며 바쁘게 지냈지만, 배비지와 교류하며 계산 기계에 대한 열정을 이어나갔다. 에이다와 킹의 관계에 대해서는 상반되는 의견들이 있지만, 한 가지 일치하는 것은 그남이 에이다의 연구를 항상 지지했다는 사실이다. 이에 킹은 때때로 칭송받지만, 여성이 남성의 지지가 있어야 자신의 천재성을 발휘할 수 있었다는 것은 참 씁쓸한 부분이다. 당시 에이다는 차분기관에 몹시 매료돼있었고, 배비지가 차분기관의 제작을 위해 수학자와 과학자 모임을 주최할 때면 빠지지 않고 참석하며 연구에 도움이 되고자 했다. 차분기관은 당시 기술로 만들기에 상당히 복잡한 기계여서 완성되기까지 많은 시간과 금액이 필요했다. 배비지는 정부에 요청해 경제적 지원을 받았지만, 연구 기간이 길어지면서 지원금이 점차 고갈되기 시작했다. 그즈음, 배비지는 한층 더 발전한 기계를 고안해낸다. 현대 컴퓨터의 원형이라고 불리는 '해석기관'이었다. 이 기계를 통해 에이다와 배비지는 지금의 명성을 갖게 된다.

이름만 봐서는 차분기관과 해석기관, 두 기계가 어떤 일을 하고 서로 어떤 차이를 갖는지 구분하기가 쉽지 않다. 우선 차분기관은 복잡한 산술 계산을 기계 장치로 풀 수 있는 기계식 디지털 계산기로, 결과를 자동으로 검산할 수 있었다. 그들은 차

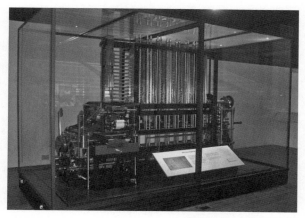

런던 과학박물관에 전시된 차분기관

분기관을 통해 인간을 반복적이고 의미 없는 노동에서 벗어나게 하고자 했다. 차분기관은 자금 부족으로 도중에 제작이 중단되고 말았는데, 1989년에 런던 과학박물관에서 배비지의 설계를 그대로 재현한 차분기관을 만들었고 지금도 전시하고 있다.

해석기관은 다양한 상황에서 사용할 수 있는 범용 계산기였다. 한 번에 여러 작업을 수행할 수 있을 뿐 아니라, 이전에 계산된 결과 값을 저장해 다음 값으로 사용할 수 있도록 고안됐다. 하지만 해석기관은 차분기관과 달리 실물로 제작되지 못했고, 현재까지도 재현되지 않고 있다. 그저 에이다의 논리와 배비지의 설계도만 남아있을 뿐이다.

배비지는 해석기관을 주제로 이탈리아의 학회에서 강의했고, 이를 수학자이자 공학자인 메나브레아가 요약해 학술지에 발표했다. 해석기관에 몰두해있던 에이다는 이 강의 요약문을 영어로 번역하는 작업에 착수한다. 이를 알게 된 배비지가 '그토록 잘 아는 기계에 대해 왜 직접 논문을 쓰지 않는가' 하고 묻자 에이다는 '그럴 생각을 하지 못했다'고 답했다. 당시 학계에서 원저논문[59]을 여성학자가 직접 작성하는 건 매우 드물었고, 남학자가 작성한 원저논문을 번역하거나 요약하는 경우만 가끔 있을 뿐이었다. 주체적이며 연구에 열정적이었던 에이다조차도 당대 만연한 성별 이분법적인 생각을 피할 수 없었던 것 같다. 배비지는 논문의 주석을 통해 에이다 자신의 해석을 덧붙이면 어떻겠냐는 제안을 했고, 에이다는 흔쾌히 승낙한다.

그렇게 원문의 2.5배가 되는 주석이 담긴 에이다의 해석기관 설명서가 탄생한다. 이 주석은 원글보다 유명해졌고, 에이다를 컴퓨팅 역사의 우상으로 만들었다. 에이다의 주석은 알파벳 A부터 G까지 7개의 부분으로 구성돼있으며, 현대 컴퓨터 조작과 관련한 여러 가지 개념들이 담겨있다. 특히 G 파트에는 복잡하기로 유명한 베르누이 수[60]를 계산하는 알고리즘을 작성했는데, 이를 두고 후대에 에이다를 최초의 컴퓨터 프로그래머라고 부르게 된다. 이외에도 논문에서 그는 루프(Loop), 서브루틴(Subroutine), 조건문(If-then), 하드웨어와 소프트웨어의 분리, 그리고 이 기관이 수치를 계산하는 기능을 넘어 어떤 종류의 정보도 처리할 수 있다는 가능성을 제시했다. 현대 프로그래밍에 필수로 사용되고 있는 문법과 다양한 업무를 처리할 수 있는 현대 범용 컴퓨터의 개념을 고안해낸 것이다. 해석기관을 만든 배비지조차도 해석기관을 계산기로만 생각했지만, 에이다는 이 기계로 사진, 음악, 글자까지 만들도록 프로그래밍할 수 있다고 믿었다. 사람이 제대로 된 명령을 한다면 기계는 무슨 일이든 할 수 있다는 가능성을 발견했고, 이는 AI의 개념까지 예견한 발상이었다. 모친이 억누르고자 했던 에이다의 상상력은 문학이 아닌 과학적 상상력으로 발휘됐다. 그가 제시한 개념들은 배비지 그리고 그와 함께 연구한 이들의 모든 프로그램 중 가장 정교하고 복잡한 것으로 알려져 있다. 에이다가 고안한 루프, 서브루틴, 조건문은 오늘날 컴퓨터 프로그래밍에 필수 문법으로 사용되고, 앱과 웹 등에서 폭넓게 쓰이며 우리의 생활 속에 녹아있다. 또한 조건문의 경우 엑셀의 함수에서도 활용돼 생활 속 반복적이거나 번거로운 작업을 줄여주고 있다.

에이다에 대한 공적인 기록은 그가 출판한 논문과 신문에서 그의 출생·결혼·사망을 공고한 것이 전부다. 그 외에는 에이다와 배비지가 주고받은 서신, 그의 주변 인물들과 주고받은 서신, 그리고 주변 인물들의 회고록 등 사적 기록에서나 찾아볼 수 있다. 같은 나이에 요절한 부친 바이런에 비하면 최초의 프로그래머이자 뛰어난 수학자였던 에이다의 기록은 터무니없이 적다. 그래서인지 에이다의 업적에 대한 논란은 최근까지 꾸준히 야기됐다. 그의 업적에 부정적인 학자들은 그가 부친 바이런을 닮아 자아도취가 심했기 때문에, 자신이 생각해내지 않은 개념들도 자신의 이름으로 발표했다고 주장한다. 몇몇은 그가 해석기관에 대해 이해를 할 정도의 수학적 이해가 없었음에도 배비지가 심성이 좋았기에 그를 곁에 뒀다는 주장을 하기도 한다. 배비지가 주변 인물들에 보낸 서신에서 에이다의 수학 능력을 찬양했고, 자신의 회고록에서 해석기관에 대한 많은 공을 에이다에게 돌리기도 했는데 말이다. 기계 자체, 즉 하드웨어적 부분은 전적으로 배비지의 영역이었으나 해석기관의 프로그램 형태나 '철학적 관점'은 배비지 자신이 말했듯 에이다의 영역이었다.

해석기관을 만든 찰스 배비지는 자신의 연구를 글로 써내는 일을 거의 하지 않았다. 그남은 자신이 완벽하다고 여기기 전까지는 사람들에게 자신의 연구를 알리는 것을 꺼렸다. 그렇기에 에이다의 해석기관에 대한 설명은 더욱 값진 것이었다. 에이다의 주석과 기계에 대한 철학을 통해 사람들은 컴퓨터의 원형이라고 여겨지는 기계에 대해 속속들이 알 수 있었을 뿐 아니라, 계산기의 무한한 가능성을 상상해볼 수 있었다. 그의 공로가 아니고서는 세상에 빛을 볼 수 없던 획기적인 발견이었다.

에이다의 설명을 더한 해석기관 논문이 출판됐을 때, 그의 가정교사였던 드모르간은 에이다의 모친에게 바로 편지를 쓴다. 에이다의 수학적 능력이 보통 사람의 수준을 넘었고, 이는 과도한 정신적 긴장상태를 초래해 여성인 에이다의 건강을 해칠 것이라는 내용이었다. 또한 그가 지닌

> 배움이 깊어질수록, 나는 내가 가질 수 있는 천재성에 대해 더 갈망하게 된다.

수학 능력은 지나친 사고력을 요구하며 '남성조차' 피로가 쌓일 정도의 체력이 필요하기에, 에이다의 경우 이러한 피로가 정신과 육체를 지배할 것이라고 주장했다. 19세기만 해도 여성이 겪는 모든 질병은 그들의 생각에서 기인한다는 낭설이 만연했기 때문에, 수학자인 드모르간마저 이러한 얼토당토않은 주장을 했다.

논문작성 후에도 에이다는 배비지와 연구를 이어나갔지만, 이전에 앓았던 콜레라의 후유증으로 천식과 소화 불량을 겪게 된다. 의사는 진통제로 아편을 처방했고, 이 때문에 그의 성

격은 상당히 변하게 됐다고 한다. 그는 감정 기복이 격해지고 종종 환각을 봤다. 의사의 잘못된 처방이 그를 정신적 질병으로 이끈 것이다. 이후 자궁암까지 그를 찾아왔고, 14개월의 괴로운 투병 생활을 하다 1952년 서른여섯의 나이로 숨을 거두게 된다. 그의 죽음에 플로렌스 나이팅게일은 '두뇌의 엄청난 활력이 없었다면 에이다는 그렇게 오래 버티지 못했을 것'이라고 전했다. 고통스러운 질병에도 에이다는 에세이를 쓰고 생각을 확장하며 삶에 대한 의지를 놓지 않았다. 그렇기에 그의 이른 죽음은 더욱 아쉬움을 남긴다.

나의 두뇌는
단순한 삶과
죽음 그 이상의
것이다.
시간은 이를
증명할 것이다.

에이다 러브레이스의 날

역사에 프로그래밍이라는 큰 획을 그은 에이다의 업적을 기리는 이들이 늘고 있다. 미국 국방성은 그의 이름을 딴 프로그래밍 언어 에이다(ADA)를 만들었고, 영국 컴퓨터 협회는 매년 그의 이름으로 메달을 수여한다. 그리고 대표적으로 매년 10월 첫째 주 화요일에 에이다 러브레이스의 날이 있다. 이날은 STEM 분야의 여성들이 모여 세계 각국에서 행사를 개최하는 등 자신들의 업적을 알리고 서로 연대하는 날이다. 2009년 저널리스트인 수 챠먼 앤더슨이 STEM 분야 여성 롤모델의 부족이라는 문제를 해결하기 위해 제안했다.

아직 여성의 발언 영역은 기술 그 자체보다 커뮤니케이션 혹은 일과 가정의 양립 방법에 머무르고 있다. 우리는 모두 공평하게 교육의 기회를 갖고 사회 속에 사는 것 같지만, 이미 체화돼 인지하지 못하는 불평등이 있다. 혹시 '어문 계열은 여성이 더 잘하고, 이과 계열은 남성이 더 잘한다'라고 생각하진 않는가? 우리는 이미 자연스럽다고 느끼도록 만들어진 고정관념 속에서 자란다. 특히 작고 사소한 차별일수록 인지하기 어렵다. 편견 가득한 사회 속에서 여성의 STEM 분야 진출과 성공은 어려울 수밖에 없다.

자신을 스스로 시적인 과학자라고 부를 정도로 창의적이고 철학적이었던 에이다 러브레이스. 에이다가 남긴 말처럼 그의 생각은 죽음 이후에도 남아 세상을 바꾸는 데에 큰 역할을 했다. 우리에게 너무나 익숙한 컴퓨터는 그가 없었다면 지금과 다른 모습이었을지도 모르니 말이다. 최근 STEM 분야에서 활약하는 여성들이 조금씩 늘어나고 있다. 이들을 롤모델로 해 자라나는 아이들은 자신의 가능성을 더욱 크게 상상하며 자랄 것이다. 모든 여성들이 자신에게 한계를 두지 않고 앞으로 나아갈 수 있길 바란다. 그리고 이 글을 읽은 당신이 컴퓨터에 관련한 위인을 떠올릴 때, 최초의 프로그래머 에이다 러브레이스를 그릴 수 있기를 기대한다.

일곱 번째

백의의 전사,
플로렌스 나이팅게일

Florence Nightingale
1820-1910
의료인 · 통계학자 · 사회 개혁가

"나는 일생을 의롭게 살며 전문 간호직에 최선을 다할 것을 하느님과 여러분 앞에 선서합니다."

전 세계 모든 간호학도가 행하고 있는 나이팅게일 선서문의 가장 첫 문장이다. 그의 이름만 빌린 선서문이지만 이 문장은 그의 간호 인생을 한 문장으로 대변한다. 놀랍게도 그가 살아온 90년 중에서 간호학에 기여한 시간은 고작 4년이었다. 그동안 플로렌스는 간호의 근간을 뒤집고 위생의 관념도 바꿨다. 그는 학교를 세우고 책을 쓰며, 간호학의 대중화와 간호사의 전문직화를 위해 평생을 노력했다.

우리가 흔히 알고 있는 것과는 다르게 그의 성과는 간호학의 발전뿐만이 아니다. 통계를 시각화하는 다이어그램을 만들어 사람들의 이해를 도왔고, 천재적인 협상으로 누구든 자신의 편으로 이끌었으며 사는 동안 많은 편지와 글을 남겨, 그의 기록은 후세대에 큰 영향을 미쳤다.

이런 훌륭한 업적들을 남겼음에도 불구하고 그에게는 결국 '백의의 천사'라는 타이틀만 남았다. 이 수식어로 인해 간호사들은 무조건적인 희생과 친절함을 강요받게 됐다. 그러나 플로렌스에게 간호이념이란 희생정신이라기보다 자신의 긍지와 가치관에 따라 직업의 의무와 책임을 다하는 것이었다. 사회가 그의 이름을 앞세워 간호사를 선망하는 여성들에게 어떤 면을 부각시키고 싶었는지를 짐작할 수 있는 부분이다. 여성의 서사는 늘 이런 방식으로 가려지고 왜곡돼 진실과 거짓의 경계가 흐릿하다. 우리는 누가 그에게 이런 프레임을 씌웠는지 의문을 가져야 할 필요가 있다.

자신이 가고 싶은 길을 가라.
그러면 세상이 너를 반겨줄 것이다.
_플로렌스 나이팅게일

끝없는 지식을 열망하다

플로렌스 나이팅게일은 1820년 5월 12일 이탈리아 피렌체에서 태어난 영국인이다. 그의 이름의 어원은 양친이 이탈리아로 떠난 여행에서 아이가 태어날 때 지내고 있던 도시의 이름을 따 붙인 것으로, 태어난 도시가 피렌체라서 영어식 발음인 플로렌스가 됐다. 나폴리에서 태어난 그의 언니 이름 또한 나폴리의 그리스식 이름인 파세노프[02]다. 플로렌스의 삼촌이었던 피터의 죽음으로 부친은 재산을 물려받았고, 원래 '쇼어(Shore)'였던 성은 그 이후 '나이팅게일'로 바뀌게 됐다.

빅토리아 시대에는 모친이 딸들의 양육을 맡았고, 그들의 임무는 딸들의 '훌륭한 결혼'이었다. 플로렌스의 모친 또한 마찬가지였다. 최고의 사윗감들이 자신의 자식을 선택하길 원했고, 그를 위해서는 최고의 교양과 교육이 필요하다고 생각했다. 그러나 당시의 여성은 교육을 받을 수 없었기 때문에 가정교사를 고용했다. 가정교사들은 식물학, 프랑스어, 지리뿐만 아니라 그림과 피아노 등을 가르쳤고, 공부 후에는 신체 운동도 필수였다. 비가 오나 눈이 오나 매일 두 번 걸어야 했고, 날이 궂으면 실내에서 배드민턴을 쳤다. 동시대 사람들이 어린 나이에 죽어가는 상황이었기에 이를 두려워했던 모책이었다.

플로렌스 나이팅게일과 그의 언니는 평생 같은 환경에서 자랐지만 정반대의 성향을 가지고 있었다. 파세노프는 꽃과

시, 그리고 스케치북에 가족들이 함께 있는 모습이나 자연 풍경을 수채화로 그리는 것을 좋아했던 반면에 플로렌스는 공부하는 것을 좋아해 기록을 남기거나 데이터를 모으는 것에 깊은 관심이 있었다. 그래서 조개껍데기, 꽃 표본, 시 필사본, 동전 수집 등 물건마다 그림을 그리고, 노트에 붙이고, 이름을 찾아내 목록을 만들었다. 가족들과의 여행에서도 마찬가지였다. 여행한 거리, 출발과 도착 시각을 노트에 적었고 여행했던 나라의 법률과 토지 관리 체계, 사회 상황 등을 빼곡하게 채워나갔다. 그가 어렸을 때부터 정보를 범주별로 정리하는 것에 특출났다는 것을 알 수 있는 부분이다. 플로렌스와 파세노프는 항상 붙어있었고, 평소에도 오랫동안 대화를 나누는 사이였다. 파세노프는 플로렌스를 이처럼 묘사했다. "플로렌스는 모든 것의 이유와 원인에 푹 빠져있었다."

7살부터 프랑스어로 시를 외워서 썼던 플로렌스는 가정교사의 수업만으로는 지적 호기심이 충족되지 않았다. 이를 알게 된 부친은 그에게 직접 수학과 역사, 철학, 그리스어, 라틴어, 독일어 등을 가르쳤고, 그의 열정을 키우는 좋은 자극제가 됐다. 그뿐만 아니라 그는 위대한 철학자들에 관한 책을 읽고 부친과 정치적이거나 사회적인 담론을 하는 것도 좋아했다.

부친은 자신의 영지에 있는 사정이 어려운 사람들을 경제적으로 도와줬고, 플로렌스는 모친과 함께 종종 그곳을 방문했다. 독실한 기독교 집안이

나는 지식을 얻고자 하는 욕망이 있었다.

었던 나이팅게일 가문은 마을 사람들을 돌보는 일을 종교적인 의무라고 생각했다. 그는 사람들을 보살피는 모친의 행동을 따라 젤리와 푸딩을 사람들에게 나눠주기도 하고, 병실의 밝은 분위기를 위해 꽃을 가져와 두곤 했다. 집으로 돌아와서는 마을 사람들의 가난과 자신의 풍요를 대조해보며 어떻게 해야 자신이 가난한 사람들을 도울 수 있을지 고민했다. 그러고서 자신의 특기인 기록과 정리를 활용해 다양한 연령대의 사람들이 약을 얼마나 먹는지를 표로 체크했고, 특히 어린아이들의 병과 증세부터 무엇이 그들을 낫게 했는지까지 꼼꼼하게 기록했다.

10년의 기다림

1837년, 그가 18세가 됐을 때 그는 가족과 함께 유럽 여행을 떠났다. 살고 있던 저택이 공사에 들어가 집을 한동안 비워야 했기 때문이다. 그와 가족들은 프랑스 파리에서 메리 클라크[03]라는 여성을 만났다. 메리는 파리에서 영향력 있는 사교 살롱을 조직한 영국의 사교계 명사였으며 그가 알고 있는 사람들은 정치가, 화가, 역사가, 경제학자 등 유명인사였다. 메리와 플로렌스는 27세의 나이 차이에도 불구하고 40년간 친구로 지냈다. 메리는 플로렌스에게 여성과 남성은 동등하고 여성도 남성만큼의 대우를 받아야 한다고 말해줬으며, 빅토리아 시대가 원

메리 클라크와 플로렌스의 관계

1793년 영국 런던에서 태어난 메리는 인생의 대부분을 프랑스에서 보냈다. 그는 8살까지 영국에서 살다가 자신의 모친, 할머니와 함께 프랑스로 떠났고 연례 여행을 제외하고는 다시는 영국에서 살지 않았다. 그의 보호자였던 둘은 강한 여성이었고, 이는 그가 독립심이 강한 사람으로 자라도록 영향을 미쳤다. 프랑스와 영국의 문화 및 사회 중심에서 특별한 삶을 살았던 그는 쾌활하고 독창적인 사람이었다. 파리에 여행 온 플로렌스 가족을 만나 플로렌스와 친구가 됐으며 플로렌스는 그를 처음 봤을 때 외모에 신경 쓰지 않는 독특한 사람이라고 생각했다. 플로렌스가 그에게 쓴 편지가 매우 많고, 매년 메리네 집을 방문해 3주에서 한 달가량 머물렀다는 사실에서 둘의 친분을 가늠할 수 있다.

메리는 플로렌스가 간호사의 길을 고민했을 때 그의 목표를 지지하고 격려해줬고, 자신이 필요한 일이 생길 때면 망설임 없이 먼저 나서서 도왔다. 관련된 일화로는 플로렌스가 파리에서 병원을 조사할 때 자신의 권력을 행사해 어디든 이용할 수 있도록 도와줬고, 크림 전쟁 때문에 간호사들을 데리고 파리를 경유해갈 때는 수월하게 진행할 수 있도록 필요한 사항들을 구비해주기도 했다. 플로렌스에게 그는 친구라는 단어로 표현할 수 없는 그 이상의 존재로 자리했던 인물이다.

했던 전형적인 여성의 틀에 맞춰 살아온 플로렌스는 그의 말에 큰 위안을 얻었다.

그 당시 플로렌스와 같은 상류층 여성들이 가질 수 있는 직업은 전업주부였고 결혼한 여성이 집 밖에 나갈 수 있는 일은 사교 활동이 전부였다. 플로렌스는 이런 시대의 흐름을 받아들이기 어려웠으나 겉으로 티를 내지는 않았다. 자신이 틀에 벗어난 행동을 했을 때 양친에게 온갖 질타를 받아 어렸을 때부터 자신의 생각을 숨기는 것에 익숙했기 때문이다. 간호사로 직업을 결심했던 17살 때도 마찬가지였다. 그는 자신이 '고통받는 사람들로부터 짐을 덜어주기 위해' 신의 부름을 받아 사람들을 도와야 한다고 생각했다. 그러나 그는 말을 꺼내기조차 쉽지 않았다. 기독교 문화의 유럽 사회에서 종교적 관념에 빠지는 것은 흔한 일이었으나 간호사라는 직업을 갖는다는 것은 드문 일이었기 때문이다.

1844년, 매일 밤을 고민으로 지새웠을 그는 가족들에게 간호사는 자신의 소명이며, 간호 교육을 받고 싶다고 선언한다. 하지만 그들은 조금도 고민하지 않고 단칼에 거절했다. 그 당시 간호사는 평판이 낮은 직업이었고, 허드렛일을 주로 맡았기 때문에 사회적 지위를 가진 여성에게는 부적합하다는 것이 그들의 생각이었다. 당시 결혼적령기로 여겨진 나이였던 그에게 숱하게 많은 남성이 구애를 해왔고 집에서는 그의 결혼을 위한 사교 파티가 한창이었다. 양친의 등쌀에 못 이겨 몇 번 만났지만,

청혼은 모두 거절했다. 결혼보다는 인생의 목표를 이루는 게 더 우선이었기 때문이다. 양친은 훌륭한 남편감들마저 제 발로 걷어차는 그를 보며 격노했다. 최고의 남편감에게 청혼 받으라고 어렸을 때부터 성심성의껏 가르쳤건만 성사될 뻔한 혼사를 다 거절한 것이다. 양친은 그의 행동이 반항이라고 생각했다. 여성은 당연히 '누군가의 아내'여야 했고, 그것이 진정한 행복이었으며 그 외의 선택지는 없었다. 당시 영국에서는 특이한 것은 곧 부적절한 것이었고, 플로렌스와 같은 선택을 해온 전례는 없었다. 그는 호화로운 저택에 지내면서도 캄캄한 감옥에 갇힌 것처럼 느껴졌고, 1840년대 후반부터 1850년대 초반까지 극심한 우울을 앓았다.

쉬이 꿈을 접을 수는 없었던 그는 어떻게든 간호와 관련된 교육을 받기 위한 방법을 고민했다. 그는 간호학을 배울 수 있는 솔즈베리 진료소의 주치의인 파울러 의사를 알고 있었고, 그는 가족의 친구였기에 그의 의무실에서 잠깐 일하는 것은 가족들이 허락할지도 모른다 생각했으나 집안의 반대는 생각보다 강했다. 당시의 병원 상황이 심각해 훈련조차 받지 못하게 한 것이다. 병원에서는 구역질을 일으킬 만큼 역겨운 악취가 진동했고 간호사들은 대개 술을 마시며 코를 찌르는 감각을 무디게 하려 애썼다. 반대에 부딪혀 솔즈베리 진료소에서 일할 계획은 무산됐지만 그는 굴하지 않았다. 아침 몰래 새벽 어스름 빛에 의지해 어디선가 구해온 의학과 관련된 서적을 매일 읽고 외우면서 책이 닳도록 공부했다.

1847년, 플로렌스는 모친이 소개해 준 셀리나 브레이스 브릿지[64]와 함께 로마와 이집트로 여행을 떠난다. 모친은 행복한 결혼생활을 하던 그가 플로렌스의 결혼하고 싶은 욕구를 자극해줄 것이라 믿었다. 모친의 의도와는 달랐으나 셀리나와의 여행은 플로렌스에게 좋은 영향을 미쳤다. 로마를 여행하던 그는 훗날 중요한 인연으로 이어지는 영국 정치인 시드니 허버트[65]를 알게 됐으며 이집트에서는 자신의 내면에 대해 끊임없이 고민하고, 자신의 소명을 되새기는 시간을 보냈다. 또한 그는 여행지의 인근의 병원이나 요양소를 둘러보며 어깨 너머로나마 각 나라의 병원 상태를 살폈다. 그중에서도 알렉산드리아 병원의 잘 정돈된 병실과 영국보다 훨씬 나은 간호사들이 병원을 꾸려가는 것을 보며 감동했다. 간호사가 돼야 한다는 그의 신념은 포기는커녕 더욱더 굳건해질 뿐이었다.

간호학의 새로운 역사를 쓰다

1851년, 양친도 시간이 흐를수록 서로가 불행해질 뿐이라는 것을 알았는지 비로소 플로렌스가 간호 교육을 받는 것을 허락했다. 그는 10년을 앓고 나서야 자신의 꿈을 위해 떠날 수 있었다. 그가 의지에 불타 도착한 곳은 독일 뒤셀도르프 카이저베르트(Düsseldorf-Kaiserswerth)에 있는 간호사 교육기관이었다. 1833년 한 성직자 부부가 빈민들을 돌보기 위해 설립한 병원으로 플로렌스는 교육을 받게 된다면 당연히 카이저베르트로 가는 것을 목표로 하고 있었다. 1년 전, 여행이 끝날 무렵 돌아가는 길에 카이저베르트에서 2주를 보냈었을 때, 그는 그곳 간호사가 아니었음에도 아이들을 돌보는 데에 도움을 줬고, 영국 기독교인들에게 카이저베르트를 소개하기 위한 팸플릿을 쓰기도 했기 때문이다.

자신의 글을 사람들 앞에 내놓는 것을 걱정한 플로렌스를 보며 셀리나는 네가 이 기회를 얻게 돼서 기쁘다고 말해줬고, 옳다고 확신하는 것을 포기하지 말라며 그의 꿈 또한 격려해줬다. 플로렌스는 셀리나의 말처럼 포기하지 않은 덕분에 그토록 바라던 간호 경력을 시작할 수 있게 됐다. 그는 기본적인 간호 기술과 병원의 행정 절차를 배웠으며 환자를 관찰하는 것과 병원 청결의 중요성도 알게 됐다. 또한 말기 환자를 돌보고, 수술도 참관하면서 생명과 맞닿은 이 일에 거대한 자긍심을 느꼈다. 그리고 자신의 인생을 스스로 결정하고, 목표를 이루기 위해 앞으로 나아가는 방법을 알게 되면서 그는 드디어 진정한 행복을 느꼈다.

1853년, 대부분의 환자가 여성인 보호시설(the Care of Sick Gentlewomen)이라는 이름의 작은 자선병원이 설립되자, 런던으로 돌아온 플로렌스는 이곳에서 무급 간호감독관으로 일을 시작했

이제 나는 인생을 사랑하는 것이 무엇인지 알겠다.

다. 집에서는 당연히 이 일을 극렬히 반대했고, 플로렌스와 같은 상류층 자제는 그의 능력을 부러워하면서도 한편으로는 자신의 뜻대로 하겠다는 그의 행동을 '보기 흉한 고집'이라고 비난했다. 그들은 플로렌스를 동경의 대상이자 야유의 대상으로 봤다. 그는 자신을 비하하는 여론을 알고 있었지만 그런 시선에도 묵묵히 제 일을 해나갔다. 당시 영국에는 제대로 된 병원이 없었고, 타국에서 관련 교육을 받고 온 사람은 그가 유일했다. 그는 병원 관리자로서의 업무와 환자를 보살피는 업무 모두 성공적으로 해냈다. 모든 층에 온수를 공급하는 시스템을 만들어 세균의 증식을 감소시켰고, 환자들에게 식사를 제공하기 위한 리프트를 만들어 직원들의 일손을 덜었다. 그가 근무하면서 새로 도입하거나 변경한 것들은 병원의 효율을 향상시켰다. 그로 인해 병원은 점점 체계가 잡혀갔고 플로렌스는 빠르게 승진했다. 1년 후 그는 간호사를 양성하는 기관에서 자신의 능력이 더욱 빛을 발할 수 있으리라는 것을 깨달았고, 곧 그의 바람대로 더 넓은 영역에서 활동할 수 있는 기회가 찾아온다.

그다음 해인 1854년, 콜레라가 돌았다. 오물이 템스강으로 흘러들어와 사람들이 마시는 수돗물까지 오염시켜 발생한 병이었다. 상황은 심각했고 많은 사람이 죽어가고 있었다. 이 사실을 알게 된 플로렌스는 직원들에게 일하고 있던 병원을 맡기고서 전염병 희생자들의 수용소라고 불렸던 미들섹스(Middlesex) 병원에서 일하기를 자원한다. 그는 콜레라 발병이

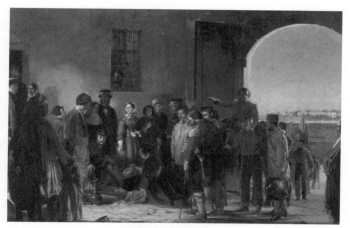
〈열병 치료를 마치고 스쿠타리 야전 병원으로 돌아온 모습〉, 제리 바렛.

급속히 확산하는 원인 파악에 나섰고, 이 과정에서 위생 관행을 개선하는 것을 임무로 삼았다.

영국군과 프랑스군은 오스만 영토를 통제하기 위해 러시아 제국과 전쟁을 벌였다. '크림 전쟁'이라 불리는 이 전쟁은 1853년 10월에 발발했다. 수만 명의 병사가 죽었고, 다친 병사는 군대 병원에 입원했다. 그 숫자는 무려 1만 8,000명에 달했다. 병원에는 그들의 부상을 살펴줄 인원이 부족했기에 병사들은 방치됐고 이내 죽어갔다. 이런 상황이 영국에 알려지자, 당시 전쟁 국무장관이었던 시드니 허버트는 간호파견대를 차출하라는 명령을 받았고, 관리자로서의 최고의 자격을 갖춘 플로렌스를 추천했다. 1854년 말, 시드니 허버트에게서 온 편지가 플로렌스에게 도착한다. 그가 요청을 수락한다면 간호사들에 대한 모든 권한을 가질 것이며 의료진의 전폭적인 지원과 협조, 그리고 '임무의 성공을 위해 필요하다고 생각되는 것은 무엇이든지 정부로부터 지원받을 힘'을 약속했다. 플로렌스는 곧바로 함께 떠날 간호사들을 모았다. 그중에는 15명의 가톨릭 수녀, 봉사를 자원한 간호사들, 그의 친구 셀리나, 그리고 그의 고모[66]도 있었다. 10월 21일, 플로렌스는 군인의 수에 비해 현저히 적은 38명의 인원을 이끌고 터키 스쿠타리에 있는 야전병원으로 향했다.

간호와 통계의 조화

도착한 그들은 야전병원의 상태를 보고 경악을 금치 못했다. 벼룩과 쥐가 들끓었고, 썩은 음식물의 잔해에는 벌레가 가득했으며 오물이 바닥을 굴러다녔기 때문이다. 매트 위에 누워 있는 병사들은 죽음을 기다리는 시체처럼 미동도 없이 사방에 있었다. 그는 위생 개념뿐만 아니라 군 병원의 통계 기록이 없음에 더욱 황당해했다. 진료 기록은 모두 똑같은 말뿐이었고, 표준화된 보고나 일관적인 보고도 없었다. 수백 명의 사람이 묻혔지만, 그들의 사망은 기록조차 되지 않았다.

플로렌스는 이 상황을 해결하기 위해 주변을 정리하고자 했다. 병원은 지옥과 다름없는 상태임에도 불구하고, 병원장인

멘지스 의사, 육군 의병장 존 홀 의사 그리고 군의관들까지도 플로렌스와 간호사들의 도움을 원하지 않았다. 처음에는 병동에 접근할 수 있는 권한조차 주어지지 않았고, 주어진 곳은 5개의 방과 부엌뿐이었으며 그마저도 좁았다. 방귀 뀐 놈이 성낸다는 말처럼 자신들이 위생을 소홀히 했다는 것을 만천하에 알린 플로렌스에게 분노를 표출한 것이다. 장관이 직접 간청해 영국에서부터 어렵사리 도착한 플로렌스와 간호사들은 어안이 벙벙했다. 병원을 처참하게 만들어놓은 당사자들이 보일만한 태도는 아니었고, 심지어 적대적이기까지 하니 그 태도를 납득하기가 어려웠다. 일방적인 신경전이 이어졌다. 하지만 플로렌스와 간호사들은 서로를 의지하며 견뎌냈다.

후에 알게 된 사실인데, 그남들은 플로렌스의 의견이 자신들의 전문성에 대한 공격으로 느껴 그들을 경계했다고 한다. 그들은 대부분의 여성이 꿈과 목표를 저지당하며 살아왔다는 것을 가장 잘 알고 있는 권력층이었고, 자신의 실수를 가차 없이 지적하는 뚜렷한 총기를 가진 그를 보며 반발심이 생겼을 것이다. 탄생부터 인정을 받는 남성들에게 잘난 플로렌스의 등장은 몹시 기분 나쁜 일이었던 것이다.

플로렌스가 도착한 지 닷새 만에 인키르만 전투에서 부상당한 병사들이 줄을 지어 들어왔다. 이 시기는 플로렌스가 '지옥의 왕국'이라고 비유할 정도로 극한에 다다른 상황이었고, 군의관들도 그제야 합류해 그를 도왔다. 병사들을 제대로 돌보기 위해서는 충분한 물자 확보가 필요했다. 해결책을 고민하던 그는 신문사 〈런던 타임스〉에 긴급한 요청을 보냈고, 병원 시설에 대한 해결방안을 정부에 촉구했다. 결과는 성공적이었다. 그는 세탁을 돕기 위한 장비를 구매했고, 병동을 청소했으며, 주방과 조리기구를 마련했을 뿐 아니라 목욕실과 깨끗한 옷, 적당한 음식과 같은 가장 기본적인 구비요소에 대한 관리 기준을 만들어 치료에 대한 접근성을 높였다. 또한 병사들이 가족들에게 편지를 쓸 수 있도록 하고, 시간을 무료하게 보내지 않도록 도서관을 설립하는 등 병사들의 복지를 위해서도 노력했다.

병원은 예전과 비교할 수 없을 정도로 나아지고 있었다. 하지만 자금은 현저히 부족했다. 육군 측에서 민간 자금을 통해 지원하는 것을 거절하면서 상황은 악화됐다. 그는 이 급박한 상황에서 절차를 따지는 행정적인 문제에 대해 곧바로 항의했으나 군부는 늘상 이를 외면하거나 거부하는 것으로 답했다. 여전히 많은 환자가 더러운 옷을 입고 있었고, 베개보와 시트도 부족했으며 음식도 떨어지고 있었다. 그는 이 곤란한 상황을 믿을 수 없었다. 그에게 쏟아지는 일들은 이외에도 매우 많았고, 간호사들도 옷을 꿰매기 위해 이곳에 온 것이 아니었다. 플로렌스는 망설임 없이 자신이 가지고 있던 3만 파운드를 병원에 지원해 6천 벌의 셔츠와 2천 개의 양말뿐만 아니라 접시와 컵 등의 식기와 청소 장비, 수술대, 양식까지 공급했다.

플로렌스의 하루는 너무나도 짧았다. 낮에는 병원의 운영을 위해 전체적인 상황을 확인하고 간호사들을 지도하며 관리자의 역할을 감당했으며, 밤에는 함께 일하는 동료들이 쉬게 두고서 환자의 부상과 현재 상태를 체크하기 위해 램프를 들고 병동을 돌았다. 그 덕분에 병동에서 그가 알지 못하는 환자는 거의 없을 정도였다. 잠자리에 들기 전에는 한두 시간 동안 정부를 위한 엄청난 양의 보고서를 작성했다. 환자들의 입·퇴원 기록과 사망한 환자의 수, 사망 원인, 부상과 질병, 병원의 청결 상태 등 병원에서 일어나는 모든 일을 기록했다.

플로렌스가 밤마다 병동을 돌았던 일화는 'Lady of the Lamp'라는 문구를 탄생시켰고, 그를 떠올리면 빠짐없이 등장하는 수식어가 되면서 그의 등불은 지금의 회진 개념을 만들었다. 의료인으로서 환자에 대해 빠르게 파악하고 통계를 내기 위한 조치였으나 이러한 업적은 희생과 헌신을 감내하며 군사들을 보살폈다는 묘사로 더욱 강조돼 알려졌다. 그에게 간호의 의미는 희생정신이 아닌 철저한 체계와 규율이었다. 지금까지 플로렌스의 행보를 봐왔다면 그의 성격을 대략 파악할 수 있을 것이다. 그는 사회가 말하는 보편적인 여성상의 범주에는 포함되지 않는다. 상대의 기분이 상하지 않게 돌려서 말하기보다는 직설적이고, 적절한 수단과 방법을 활용해 철저하게 목표를 쟁취하고야 마는 야심 찬 사람이었다.

앞서 말했듯이 필요한 상황이 온다면 그 대상이 고위직이

너무 바빠서 죽을 시간이 없다.

나 정부임에도 불구하고 서슴없이 자신의 요구를 주장했다. 그는 몇몇 환자들에게 '망치를 든 여인'으로도 알려져 있었는데 환자들을 위한 물품을 얻기 위해 이따금 망치를 들고 보급실에 침입해 자물쇠를 부수고 보급품을 가져갔기 때문이다. 그의 이런 면모는 환자들과 동료들에게 존경을 받았으나 그를 맘에 들지 않아 하는 같은 병동의 남성들에게 비난을 사면서, 그를 두려움의 대상으로 각인시켰다. 아무도 그를 쉽게 건들지 못했던 이유는 하나였다. 그가 플로렌스 나이팅게일이었기 때문이다.

11월 초에 다가온 겨울은 그에게 치명타를 안겨주고 지나간다. 병원에서 보낸 첫 겨울은 4,077명의 병사를 죽음으로 몰아갔고, 그 때문에 사망률은 급격하게 늘어났다. 문제는 역시 전염병이었다. 한정된 장소에 밀집된 환자들은 쉽게 병이 옮았으며 극심한 추위로 환기도 불가능했다. 플로렌스는 이 같은 상황을 해결하기 위해 환기의 필요성과 배수 개선을 요청하는 서신을 시드니 허버트와 당시 영국의 국왕인 빅토리아 왕에게도 보냈다. 또한, 그간 작성해온 기록에서 나타난 사망 수치를 동봉해 설득을 더했다. 말로 설명하는 것보다 직접적인 수치를 눈으로 보게 되자 그의 요청은 수락됐다. 1855년 3월 영국 정부는 위생위원회를 설립해 화장실과 하수구를 정비하고 환기구를 설치했다. 위생 개선이 진행된 지 6개월 후, 놀라운 수치가 눈앞에 나타난다. 사망률이 42%에서 2%까지 감소한 것이다. 그가 위생 조건을 거듭 중요하게 생각했기 때문에 이룰 수 있는 성취였다. 이

덕분에 혼란 속의 질서를 찾아낸 개혁가로서 자리하게 된다.

1856년, 크림 전쟁이 끝나자 플로렌스는 영국에서 영웅이 돼있었다. 플로렌스의 위대한 업적을 더 잘 알아본 것은 그 자신보다 대중이었다. 오히려 플로렌스는 공식적인 축하 행사에 참석하기를 꺼려 미스 스미스(Miss Smith)라는 가명으로 신분을 숨기고 아무도 모르게 영국으로 돌아왔다. 그는 크리미아에서 과로로 몇 번이나 쓰러졌고, 집으로 돌아가는 길에도 통증으로 고통받았다. 그의 육체는 이미 한계에 도달한 상태였지만 휴식을 취할 틈이 없었다. 열악한 환경 속에서 수많은 군인의 죽음을 겪은 그는 군사 개혁의 필요성을 알리는 것이 우선이었고, 그러기 위해서는 정부의 도움이 필요했다. 그래서 그는 많은 제의 중에서도 딱 한 명, 빅토리아 왕의 요청만 수락했다. 빅토리아 왕은 비공식적으로 그의 집을 방문해 함께 이야기를 나눴다. 호의를 얻기 위해 듣기 좋은 말들을 늘어놓을 수도 있었으나 플로렌스는 달랐다. 크림 전쟁과 같은 재난이 다시 발생하지 않도록 군대의 치명적인 위생 시스템을 정비해야 한다며 영국 군부 개혁의 필요성을 주장했다. 그는 왕 앞에서도 전혀 기죽지 않는 모습으로 자신의 소신과 대담함을 보여줬다. 정부는 그의 제안을 받아들였고 검토하기 위해 자세한 보고서를 요청했다.

그는 크리미아에 도착하면서부터 관찰한 내용을 기록해뒀기에 무려 830페이지의 '영국군의 건강, 능률 및 병원 행정에 영향을 미치는 문제들에 관한 기록'이라는 보고서를 작성할 수 있었다. 그런데도 성에 차지 않았다. 모든 사람을 납득시킬 수 있는 더 확실한 자료가 필요했다. 고민을 거듭한 그는 병사들이 사망한 원인을 나타낸 수치를 목록이나 표 대신 다이어그램으로 나타냈고 '나이팅게일 로즈 다이어그램'이라는 이름이 붙여졌다. 이는 당시의 혁명적인 아이디어로, 일상에서 쉽게 데이터를 시각적으로 접할 수 있는 지금과는 달랐다. 대부분의 통계학자는 수치를 표현할 때 도표를 그려 넣은 자료를 제공했기 때문이다.

이 도표가 무엇을 말하고자 하는지 한눈에 알아보기 어려운 비전문가들을 고려한 플로렌스의 지혜로운 배려이자 혁신적인 시도였다. 또한 군인들이 비위생적인 병원이 아닌 부상으로 사망했다는 믿음을 가진 일부 고위 간부들의 주장에 대항하는 방식이기도 했다. 주어진 문제에 대해 사람들을 납득시키기 위해 증명할 자료가 필요했고, 그 해답은 통계였다. 그가 기

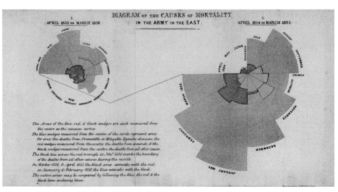

동부 지역 육군에서의 사망 원인에 관한 다이어그램

록한 데이터에 따르면 전염병 기간 동안 더 많은 병력이 사망한 것으로 나타났다. 평상시 병사들의 사망률과 전쟁 당시의 사망 비율을 비교했을 때 군인들의 연간 사망률은 60%였고, 그들은 민간인 사망률의 2배 이상의 수치였다. 월마다 색이 다르게 사망자 수를 표현해 사망 원인에 따라 확연한 차이가 보였으며 병원의 위생 상태가 개선되면서 질병으로 인한 사망률이 급격하게 줄었다는 것을 입증했다.

정부는 그가 제시한 통계 자료와 보고서를 바탕으로 영국군과 국민의 건강을 개선하기 위해 왕립 위원회(Royal Commission for the Army)를 설립해 공중 보건에 대한 개념을 확립시켰고, 그의 바람처럼 대중은 위생의 중요성과 필요성을 각인했다. 그의 삶이나 다름없었던 수학과 기록은 또 한 번의 혁신을 이끌어냈고, 영국 기초 위생의 틀을 뒤바꿔놓았다. 그는 선구적 업적을 인정받아 1858년, 왕립 통계학회에 등록된 최초의 여성 회원으로 선출됐으며 미국 통계 협회의 명예 회원으로 지명됐다.

세기의 영웅, 나이팅게일

스쿠타리에서 나이팅게일의 활동을 인정하기 위해 개최된 회의에서는 간호사 양성을 목적으로 나이팅게일 펀드가 설립됐다. 그 기금은 설립됐을 때 많은 후원을 받았다. 플로렌스는 간호 교육의 필요성을 누구보다 절실히 느껴온 인물이었기에 1860년, 펀드의 기부금으로 현재 런던 킹스 칼리지에 소속된 나이팅게일 간호학교를 설립했다. 플로렌스는 훌륭한 간호사가 되고자 입학한 여성들을 열성적으로 지도했고, 그중에는 미국에서 최초로 간호사가 된 린다 리처드도 있었다. 같은 해에는 병원과 간호에 대한 두 권의 책을 출판했다. 지금까지 간호 관련 교과 과정의 필수서적이자 간호학에 대한 소개가 담겨있는 《간호론》이 바로 그가 저술한 책이다. 이 책은 각국의 언어로 번역, 출판돼 전 세계 의료인들에게 영향을 미쳤다.

그는 영국의 사회적 변화에도 크게 기여했다. 정확한 업무가 없던 간호사에 대한 새로운 정의를 내렸고 그로 인해 그를 비난하던 상류층의 여성들도 간호학교에 등록했으며 간호사는 비난받는 직업이 아닌 모두가 선망하는 직업으로 탈바꿈했다. 이로써 1907년에는 그의 업적을 인정받아 국왕 에드워드 7세로부터 여성 최초로 공로 훈장을 받는 영광을 안았다. 그로부터 3년 뒤인, 1910년 8월 13일, 90세의 그는 집 안에서 편안한 얼굴로 생을 마감했으며, 국제 적십자사에서는 '나이팅게일 상'을 제정해 매년 세계 각국의 우수한 간호사를 표창하며 그의 정신을 이어오고 있다.

세기의 영웅인 플로렌스가 시대의 순리에 맞게 살았다면, 혹은 10년 가까이 이어지는 반대를 이기지 못하고 양친의 기대에 순응하며 살았다면 어땠을까. 조용하게 품위를 지키며 어떤 상황에도 침착하게 대응하는 그를 알고 나니 당시 보통의 여성들처럼 결혼 생활을 하고 아이를 키우는 그의 모습이 쉽게 그려지지 않는다. 그가 이성과의 관계에 있어 단절돼있었다는 기록이 있고, 그에게 '사랑'이란 개념에 가까운 것은 '사람'이 아닌 그의 '목표'였기 때문에 더욱 그렇다.

그럼에도 불구하고 그의 수식어들은 대부분 수동적인 이미지를 띠고 있다. 하지만 그렇게 전해진 플로렌스의 표면과 실제 모습은 매우 달랐다. 우리는 그동안 왜곡돼 만들어진 허구의 인물을 좇고 있었던 것이다. 위인전에 등장하는 여성이 가지는 성격은 대부분 한결같다. 상냥하고, 친절하고, 자상하고, 자애롭고, 동정한다. 그것을 보는, 가치관을 확립하기 전의 여성들은 본인도 그래야 한다는 강박에 휩쓸려 자란다. 물론 그런 성격이 잘못되거나 틀렸다는 것이 아니다. 그보다 중요한 사실은 각기 다른 위인의 성격이 여성이라는 이유로 마치 같은 사람처럼 비슷하다는 점이며, 세계 곳곳의 여성 위인들 또한 얼마나 많이 각색돼왔을지 알 수가 없다는 것이다. 플로렌스 또한 그가 환자들에게 얼마나 친절한 사람이었는지 아닌지보다는 그가 이룬 업적과 능력, 어떤 가치관을 가졌는지에 더 집중돼야 한다. 거짓된 성격에 가려져 위대한 업적들이 함축돼왔다는 사실은 지나온 시대를 의심하게 만든다. 우리는 이 스테레오 타입의 이미지를 플로렌스처럼 망치로 부술 필요가 있다.

여덟 번째

세상을 바꾼 발명왕,
헤디 라머

Hedy Lamarr
1914-2000
발명가·Wifi 원리 개발자·할리우드 배우

세기의 미인으로 불리며 백설공주와 캣우먼의 모티프가 된 할리우드의 유명 배우. 헤디 라머(Hedy Lamarr)를 이야기할 때 빼놓지 않는 수식어다. 수려하고 독특한 외모로 모두의 관심과 선망을 받았지만, 그는 아름다움이 오히려 자신에게 걸림돌이 된다고 느꼈다. '예쁜 여자는 똑똑하지 않다'라는 통념이 그를 재단하고 제한했기 때문이다. 사회의 기대에 어긋나게도 헤디는 과학에 뛰어난 재능이 있었고, 끊임없이 아이디어가 샘솟는 발명가였다. 그리고 그는 현대사회에 필수가 된 무선 통신 기술을 고안해낸 천재였다.

발명가라고 하면 떠오르는 사람이 누가 있을까. 대중적인 발명가는 에디슨, 라이트 형제, 노벨 정도일 것이다. 그렇다면 여성 발명가는 없었을까? 여성들이 집안일로 너무 바빴기 때문에 발명하지 못했던 것일까. 혹은 아직도 많은 사람이 믿고 있는 것처럼 여성은 수학과 과학을 남성보다 못하기 때문에 발명할 수 없었던 것일까. 발명가로 거론된 적이 없던 헤디의 무선 통신 기술에 대한 발명은 놀랍게도 우리의 일상에 혁명을 가져왔고 모든 곳에 스며들어있다. 독창적이고 비상한 업적에도 외모에 대한 편견과 끊임없이 싸워야 했던 헤디 라머. 그는 뛰어난 배우이면서 동시에 세기의 발명가였다.

난 죽음을 두려워하지 않는다.
왜냐하면 내가 이해할 수 없는 것은
두려워하지 않기 때문이다.
_헤디 라머

헤디 라머의 탄생

헤디 라머가 되기 전, 그는 오스트리아의 부유한 유대계 집안에서 헤드비히 에바 마리아 키슬러(Hedwig Eva Maria Kiesler)라는 이름으로 자랐다. 그는 호기심이 많은 아이였고, 다섯 살 때부터 기계에 관심이 많았다. 특히 오르골 인형을 분해했다가 조립하는 것은 그가 좋아하는 놀이 중 하나였다. 헤디는 은행가였던 부친을 곧잘 따랐는데, 사물이 움직이는 원리에 대해 알고 싶을 때마다 부친과 이야기를 나눴다. 거리의 전차가 전기로 움직이고, 그 전기는 발전소에서 만들어져, 전선을 타고 전달된다는 다소 복잡한 원리를 이해하는 어린 헤디는 누가 봐도 발명가가 될 명석한 아이였다.

그의 양친은 아이를 데리고 오페라와 연극을 종종 보러 다녔다. 좋은 환경 덕에 일찍이 예술과 연기에 관심을 보였던 그는 스스로 예술 활동을 시작하면서 여성 예술가들과 교류했다. 자유분방한 그들은 헤디에게 긍정적인 자극이 됐다. 항상 뛰어놀고 사물을 탐구하기를 즐겼던 헤디는 10대가 되면서 어디를 가나 시선을 한몸에 받기 시작했다. 그는 꾸준히 연기에 관심이 있었기 때문에 배우가 되기로 하고, 유럽의 거대 영화사에 들어가 영화계에 데뷔했다. 데뷔한 지 3년여 만에 영화 〈엑스터시(Ecstasy)〉(1933)를 찍으며 일약 스타 반열에 올랐지만, 강압 아래 찍었던 노출 및 성적인 장면들로 악명 또한 얻게 됐다. 여성 배우들에게 강요되는 성적 대상화된 역할과 이에 대한 조롱은 지금과 별반 다르지 않았다. 감독은 그와 상의 없이 수차례의 노골적인 클로즈업 장면들을 찍었고, 헤디는 영화의 시사회에서 처음 이 사실을 알게 됐다. 그는 큰 배신감과 충격을 받았고, 감독에게 자신을 속였다고 소리를 지르며 그 자리를 박차고 나왔다. 그는 자신의 배우 경력이 시작과 동시에 끝을 맞았다고 낙담했다. 하지만 곧 자신을 비난하는 사람들에게 진짜 실력을 보여주겠다 다짐했다.

새로운 도전으로 헤디는 오스트리아의 왕비 엘리자베트의 삶을 그린 뮤지컬 〈시씨(Sissi)〉(1933)의 엘리자베트 역할을 선택했고, 이 역할은 그를 다시 한번 대성공으로 이끌었다. 그에 대한 찬사가 쏟아졌고, 팬들이 선물을 들고 찾아와 분장실은 항상 인산인해를 이뤘다. 분장실까지 쫓아오던 팬 중 한 명이 그의 첫 번째 남편이 된 프리드리히 맨들이었다. 그남은 오스트리아 무기상이자 군수품 제조업자로 막대한 부를 가진 자였고, 떠오르는 스타인 헤디에게 자신과 단 한 번만이라도 만나 달라며 광적으로 집착했다. 계속된 그남의 구애에 결국 둘은 결혼을 했는데 당시 헤디의 나이 열여덟 살, 그남은 서른세 살이었다. 영화밖에 모르던 헤디를 꾀어낸 맨들은 광적으로 구애했듯이, 그를 숨 막힐 정도로 구속했다. 후에 헤디는 그남이 마치 독재자처럼 매우 지배적이었으며 자신을 억압했다고 고백했다. 헤디의 연기하는 모습에 반했지만, 그 빛나는 모습을 소유하고자 했던 그남은 헤디가 배우 생활을 더는 하지 못하도록 집요하게 방해했다. 그남에게 헤디는 자신의 평판에 걸맞은 '상'과 같은 것이었다. 결혼 후 그는 답답하기 그지없는 저택에서 몇 년간 갇혀 살았다. 그리고 1937년, 참다못한 헤디는 탈출을 감행한다. 저택에서 파티가 있던 날, 그는 자신과 비슷한 하인의 옷과 자전거를 빌려 변장한 채로 파리로 도망친다. 영화의 한 장면과도 같은 탈출이었다. 그는 고향인 오스트리아를 떠나 런던으로 향했다.

그가 도착했을 때, 할리우드의 거대 영화사들은 나치의 압력을 피해 온 유럽의 배우들을 섭외하고자 런던에 와있었다. 영화사 중에는 사자가 울부짖는 오프닝 영상으로 유명한 MGM도 있었고, 헤디는 이를 기회로 여겨 MGM의 사장인 루이 B. 메이어를 만나 이야기를 나눈다. 많은 배우가 할리우드로 가기 위해 열악한 조건을 감수한 것처럼 메이어는 헤디에게도 낮은 금액의 계약을 제안했지만, 그는 이를 단칼에 거절했다. 이렇게 헤디의 미국행은 무산되나 싶었다. 다시 한번 자신을 어필하기로 마음먹은 그는 메이어가 탄다는 미국행 유람선표를 사고 우연을 가장해 그남과 여러 번 마주쳤다. 헤디가 등장할 때마다 여남(女男) 할 것 없이 시선이 멈추는 걸 본 메이어는 헤디에게 처음 제시한 것보다 4배 높은 금액으로 계약을 제안한다. 그리고는 헤디의 이름을 미국인이 기억하기 쉬울 만한 것으로 바꾸길 요구했다. 헤디 키슬러는 헤디 라머가 됐고, 그렇게 그의 할리우드 생활이 시작됐다.

헤디 라머의 이중생활

'세계에서 가장 아름다운 여인'. 루이 B. 메이어는 헤디를 이렇게 소개했다. 〈엑스터시〉는 전 세계적 열풍이었던 터라, 미국에서도 헤디는 금세 유명해졌다. 그는 영화 〈알제(Algiers)〉(1938)에서 뒷골목 생활을 했던 프랑스인을 연기했고, 이 영화의 성공으로 할리우드에서도 자신의 위치를 공고히 한다. 모든 영화 잡지의 표지가 헤디의 얼굴로 장식됐고, 헤디 라머는 그 자체로 유행이 됐다. 하지만 메이어의 작품 선정에 불만을 품게 되면서 그는 자신이 배역을 선택하겠다고 주장한다. 그렇게 헤디 스스로 작지만 가능성이 있다고 생각한 역할을 택했고, 그의 눈썰미는 적중했다. 헤디가 선택한 영화 〈붐타운(Boom town)〉(1940)으로 MGM은 엄청난 돈을 벌었고, 완전한 스타가 된 그는 1940년 한 해 동안 여러 편의 작품에 참여한다. 헤디는 빽빽한 스케줄을 감당하기 위해 각성제를 먹어가며 일을 했고, 수면제를 먹어야 잠을 잘 수 있었다.

특히 여성들은 머리 손질, 화장, 의상을 갖추기 위해 남배우보다 더 일찍 촬영장에 도착해야 했고 밤늦게까지 일했다. 이런 바쁜 스케줄 속에서 헤디는 일하지 않는 시간엔 항상 발명을 했다. 발명은 그의 취미였다.

헤디의 집엔 발명 테이블이 놓여있었고, 그는 고된 일정에도 지치지 않고 새로운 아이디어를 고안해냈다. 당시 그는 비행설계자인 하워드 휴즈와 교제하고 있었는데, 그남은 헤디가

**아이디어를
고민할 필요는
없었다.
자연스레
떠올랐다.**
— 영화 〈밤셸〉 中 —

촬영장에서도 발명을 지속할 수 있도록 소규모 장비 세트를 선물하기도 했다. 헤디가 휴즈에게 비행 속도를 증진시키기 위한 설계에 조언을 주고 가루형 콜라 같은 사업 아이디어를 제안하기도 하면서, 둘은 서로 돕는 관계를 유지했다.

헤디가 할리우드에서 쉴 틈 없는 배우의 삶을 살고 있을 때, 유럽은 2차 세계대전으로 불안정한 시기를 보내고 있었다. 모친이 아직 유럽에 머무르고 있었기 때문에 그는 밤낮으로 라디오를 들으며 전쟁 상황을 파악했다. 그러던 중 독일의 잠수함이 어뢰로 유람선을 격침해, 어린이 83명을 포함한 300여 명의 피난민이 사망하는 일이 발생한다. 헤디는 이 끔찍한 상황에 경악했다. 하지만 그는 그저 충격에 빠져 가만히 있을 사람이 아니었다. 무고한 이들이 목숨을 잃는 참혹한 일이 반복되지 않기 위해 그는 무언가 해야 한다고 느꼈고, 이 모든 원흉인 나치 독일을 무너뜨려야 한다는 결론에 도달한다.

독일의 잠수함은 최신식이고 성능이 좋아 연합군[67]을 쉽게 제압했고, 잠수함에서 발포하는 어뢰로 많은 이들이 죽어나

갔다. 헤디는 이 잠수함을 공격하는 것이 독일군을 이기는 방법이라고 생각했다. 그렇게 고안해낸 것이 잠수함과 발포한 어뢰 사이의 신호 교환 보안 체계였다. 그는 주파수로 작동하는 라디오에서 착안해 아이디어를 발전시켰고, 자동피아노 연주 작곡가인 조지 앤타일과 함께 체계를 만들어나간다. 그남은 16대의 피아노를 자동으로 같게 연주하도록 했는데, 이는 같은 음과 박자를 16장의 종이에 구멍으로 새겨 똑같은 속도로 롤링함으로써 피아노가 연주되도록 하는 방식이었다. 헤디는 이 방법을 어뢰와의 신호 체계에 적용할 수 있을 것으로 생각했다. '같은 신호를 가진 잠수함과 어뢰가 동일한 속도로 신호를 재생하면 적의 교란 없이 안전하게 신호를 교환할 수 있을 거야!' 잠수함과 어뢰가 서로만 아는 순서와 채널로 주파수를 맞출 수 있게 한다는 혁신적인 아이디어였다.

　　방법은 자동피아노와 같았다. 88개에 이르는 주파수 변경 정보를 똑같이 새긴 종이롤 2개를 만들고, 잠수함과 어뢰의 무전기가 이를 통해 데이터를 동기화하는 것이다. 전쟁의 향방을 바꾸기 위해 헤디는 낮에는 영화배우로 일하고 밤에는 군사기술을 발명하는 이중생활을 몇 달간 이어간다. 그 기간 헤디는 3가지의 군사기술을 발명했고 발명가 협회의 인정을 받았으며, 1942년 무선 보안 통신 기술로 특허권을 취득한다. 이 기술이 바로 와이파이와 GPS 그리고 블루투스의 근간이 되는 주파수 도약(또는 주파수 호핑) 기술[08]이다. 우리는 매일 핸드폰, 컴퓨터, TV 등을 통해서 그의 기술을 접하고 있다. 주파수 도약 기술의 특허를 받자마자 헤디는 이를 해군에 기증하고자 했고, 직접 미군 해군청에 제안하러 갔다. 그들은 기술에 관심을 보였지만 제대로 이해하지 못했고, 오히려 '그 미모를 활용하는 것이 세상에 더욱 도움이 될 것'이라며 헤디에게 전쟁 채권 판매를 강요한다. 수개월을 독일군 격퇴라는 목적으로 연구에 몰두한 헤디에게 이와 같은 폭언은 너무나 모욕적이었다. 사회가 '아름다운' 여성에게 원하는 건 전쟁의 판도를 바꿀 기술이 아닌, 그저 돈을 벌어주는 상품의 역할이라는 것을 그는 다시 한번 확인했다.

사실 이 발명에 대해서는 논란이 많이 있었다. 많은 여성 과학자에 대한 논란처럼, 헤디가 그 기술을 도용한 것이라고 주장하는 이들이 있었던 것이다. 한 무선 통신 업계 관련 인사는 헤디가 첫 번째 남편과의 결혼생활 중 만났던 군수업자들의 말을 듣고는 아이디어를 빼내 표절했다는 주장을 펼쳤다. 하지만 이는 조금만 자세히 들여다봐도 타당하지 않은 주장이라는 걸 쉽게 알 수 있다. 독일인들이 당시 주파수 도약이라는 체계에 대해 언급한 기록이나 해당 체계를 활용한 기술은 전혀 없었기 때문이다. 터무니없는 거짓 주장을 내세우는 이들에게는 사실 여부보다 여성 배우가 자신들이 욕망할 수 있는 '아름다움'으로 남는 것이 더 중요한 일인 것이다. 이러한 편견들과 매 순간 함께 살아온 헤디는 이렇게 말한다. "난 내가 한 일을 안다. 남들이 뭐라 하든 상관하지 않는다."

여자는 외모가 전부?

잠을 줄여가며 열정을 쏟은 발명에도 사람들은 외모로만 그의 가치를 인정하려 했다. 헤디는 자신의 지성으로 세상을 구할 수 없다면 다른 방법으로라도 최선을 다하겠다며 전쟁 채권 투어에 참여한다. 미국 시민권이 없는 외국인 신분이었지만, 헤디는 미국을 비롯한 연합국의 승리가 무고한 희생을 막을 수 있는 가장 좋은 방법이라고 생각했다. 그는 군부대를 방문해 군인들의 연예인이 돼주고 사인회를 열거나 공연을 하는 등 열과 성을 다했고, 의무가 아니었음에도 시간이 날 때마다 채권 판매를 도왔다. 그 결과 2,500만 달러, 현재의 가치로는 3억 4,300만 달러(한화로 약 4,200억 원)라는 어마어마한 금액이 헤디로 인해 모금됐다. 한편, 역설적이게도 미국 정부는 미국 전쟁 채권 판매에 누구보다 열정적이던 헤디가 '적국'에서 온 외국인이라며 특허권을 몰수했다. 정말 황당하고 허무했지만, 헤디는 자신이 할 수 있는 일들을 계속 이어나갔다. 보통 사람이라면 견디기 어려울 일이었다.

아름다운 헤디 라머가 자신들보다 더 똑똑하다는 사실은 당시 남성들이 받아들이기 힘든 이야기였다. 메이어는 이러한 심리를 너무나 잘 꿰뚫어서인지 혹은 자신의 열등감 때문인지 헤디에게 삼류 영화를 찍게 한다. 미군이 전쟁에 참여하면서 소위 '더티 픽처'라고 불리는 여성을 성적 대상화한 사진들이 불티나게 판매됐고, 이러한 흐름을 타고 메이어는 여성의 섹슈얼함만 부각하는 군부대용 영화를 만들고자 했다. 단순히 상업적인 이유에서 메이어가 헤디에게 군인을 유혹하는 원주민이라는 배역을 준 것은 아니었을 것이다. 그남은 영화의 여성 캐릭터를 항상 성녀와 창녀로 구분했는데, 이 논리가 만연한 그남의 작품 세계에서 똑똑한 여성은 존재할 수 없었다. 남성들은 세상을 바꾸려는 발명가로서의 헤디를 지워버리고, 자신들에게 거슬리지 않는 유혹적인 여성으로만 남기려 안간힘을 썼다.

메이어가 준 역할이 성적인 매력만을 보여주는 것이었기 때문에 헤디는 제한적인 배역에 불만이 많았다. 특정한 이미지 탓에 다른 배우들만큼 존경받지 못한다고 생각한 그는 자신이 다양한 역할을 소화할 수 있다는 걸 보여주고자 했다. 하지만 메이어는 순종적이지 않은 헤디가 못마땅했고 여러 차례 고소하며 그를 구속하려 했다. 하지만 헤디는 호락호락한 상대가 아니었다. 영화사에서 나와 자기 스스로 영화를 만든 것이다. 당시 배우가 직접 영화를 만드는 경우는 드물었고, 영화를 여성이 이끄는 일은 더욱더 없었기에 영화사들은 그를 탐탁지 않아 했다.

그럼에도 그는 수익은 적으나 작품성은 좋은 영화들을 몇 편 만들어냈다. 1954년에는 제작비가 수백만 달러에 육박하는 대규모 프로젝트를 진행했으나 마땅한 배급사를 찾지 못해 영화 개봉이 무산되기도 했다. 그렇지만 그의 영화 제작의 성공 여부는 의미가 없다. 불만에 그치지 않고 스스로 길을 개척했다는 데에 의의가 있기 때문이다. 헤디는 언제나 자신이 하고 싶은 것이 무엇인지 알았고 항상 적극적으로 임했다. 몇 차례의 영화 제작 후 연기에 집중하기로 마음먹은 그는 한 유명 영화 제작자에게 전화해, 그들의 새로운 영화의 주인공이 자기 자신이라고 이야기한다. 이 영화가 헤디 라머를 명실상부 할리우드 최고 스타의 자리에 오르게 한 〈삼손과 데릴라〉(1949)다. 영화는 1940년대를 대표하는 영화로 손꼽히고 있으며, 한국에서도 1970년대에 들어서 개봉할 정도로 세계적인 인기를 끌었다.

늘 당당하고 자신감 넘치던 헤디는 시간이 지나면서 자신의 외모에 과도한 스트레스를 느꼈다. 대중은 그의 '늙음'을 원하지 않았고 세기의 미인이라 불리던 젊은 날의 헤디 라머만을 바랐다. 기대에 부응하기 위해 시작한 성형수술을 말년까지 지속해 그는 재정적으로 궁핍해졌으며 점점 사람들과 교류하기를 힘들어했다. 만약 외모가 아닌 발명으로 인정받고 그만큼의 대우를 받았다면, 그는 자신을 자랑스럽고 대견하게 여길 수 있지 않았을까. 그가 조금 다른 세상에 살았다면, 외모보다 발명에 집중해 발명왕이라는 수식어와 명성을 얻고 빈곤을 겪지 않았을 텐데 하는 깊은 아쉬움을 남긴다.

> 내 얼굴, 나의 아름다움은 나의 불운이자 저주다.

여전히 존재하는 편견들

유독 여성 배우에게 미덕으로 요구되는 것들이 있다. '적당히 똑똑할 것', '가만히 있을 것', '웃을 것'. 표현은 달리해도 맥락은 일치하는 말들이다. 그들은 그저 가만히 시키는 대로 웃으며 욕망당하는 것을 받아들여야 하는 존재처럼 여겨진다. 이 룰에서 벗어나는 순간 그들은 지탄받고 꼬리표가 붙으며 일자리를 잃기까지 한다. 이런 현상은 전 세계에서 찾아볼 수 있다. 천재 발명가인 헤디 라머가 그의 외모만으로 평가됐듯이, '외모'에 대한 찬사는 여성에게 권력을 쥐여주는 것처럼 포장되지만 실제로는 그들을 제약하는 용도로 작동한다. 특히 '아름다움의 기준'으로 여겨지는 여성 배우들은 대부분 그의 젊음과 외모만이 그들의 가치인 듯 여겨진다. 이러한 통념에 맞서는 여성 배우들이 있다.

영국의 배우 나탈리 포트만은 영화 〈레옹(Leon)〉(1993)의 주인공 마틸다를 열연해 스타가 됐다. 당시 그는 열두 살이었는데, 어린 나이에도 사람들을 캐릭터에 몰입하게 할 정도로 연기가 출중했다. 나탈리의 인기는 하늘을 찔렀다. 그렇지만 그 인기는 좋은 것만은 아니었다. 방송에서는 이제 막 2차 성징이 시작된 그의 가슴에 관해 이야기했고, 처음 받은 팬레터에는 그를 강간하겠다는 충격적인 내용이 담겨있었다. 그리고 그가 합법적 성인이 될 날까지 얼마나 남았는지 계산하는 라디오

프로그램까지 있었다. 경악스럽게도 많은 이들이 이제 막 10대가 된 아이를 성적 욕망의 대상으로 보고 있었다. 일련의 일들로 위협을 느낀 나탈리는 성인이 될 때까지 키스 장면이 있는 배역은 맡지 않았으며, '공부만 하는 재미없는 아이'라는 이미지를 만들려 노력했다. 그는 자신이 안전하고 존경받으며 살 가치가 있는 사람이라는 메시지를 대중에게 전달하고자 했고, 누구든 당연히 받아야 할 대우를 여성 배우는 노력을 통해 겨우 성취할 수 있었다. 그리고 나탈리는 하버드 대학의 심리학과에 입학했다.

하버드라는 일류 대학에 들어갔음에도 그는 여전히 자신이 '멍청한 여배우'라고 불릴까 걱정했다. 이러한 걱정이 커지면서 그는 자신이 성취한 하버드라는 타이틀이 온전히 자신의 노력으로 이룬 게 아닌, 어쩌다 우연히 얻은 것일 수 있다는 자기 의심과 싸워야 했다. 심지어 그를 지도했던 교수들은 그가 매우 진중하고 지적인 학생이었다고 회상하는데도 말이다. '여배우'라는 위치가 주는 편견이 배우 자신을 바라보는 시선에까지 영향을 미쳐, 스스로 끊임없이 의심하게 만들었다는 그의 이야기는 보통의 여성들도 공감할 만한 부분이다. 많은 여성이 자신의 능력을 과소평가하거나, 자신의 성취를 주변 혹은 상황이 도왔다고 생각하는 경향이 있기 때문이다.

이러한 현상은 '가면 증후군'이라는 심리학적 용어로 불리는데, 현실의 경험을 통한 사회화의 결과라고 여겨지기도 한다. 실제로 연구 보조금을 신청할 때 여성 과학자들이 남성 과학자들과 같은 점수를 얻으려면 2.5배 더 많은 연구·출판물 성과를 내야 한다는 조사 결과도 있다(출처: 여성과학기술인 육성 및 지원에 관한 기본계획수립, 과학기술정책연구원).

아직도 여성은 외모를 기준으로 평가되는 것뿐 아니라 자신의 능력을 증명하기 위해서 훨씬 큰 노력을 해야 한다. 하지만 이러한 불평등은 당연한 것이 아니다. 자신을 증명하기 위해 애쓰던 나탈리 포트만은 이제 누구나 인정하는 지적인 배우다. 자신이 일궈 온 연기 경력과 자신의 능력을 똑바로 보고 인정하기 시작하면서부터였다. 사회가 하루아침에 바뀔 수는 없지만 자신을 바라보는 시선은 바꿀 수 있다. 그리고 내가 나를 바라보는 것에서 남이 나를 대하는 태도도 변화하기 시작한다. 명연설로 일컬어지는 나탈리 포트만의 하버드 졸업 축사에서 그는 다음과 같이 말한다. "자기 자신을 너무 의심하지 마라. 자신을 의심하지 않으면 이뤄진다."

밤쉘

헤디는 주변의 제안으로 자서전을 쓰게 됐다. 그가 문서 작업을 좋아하지 않았기에, 전기 작가와 함께 과거에 관해 이야기를 나누고 작가가 그 내용으로 책을 쓰는 방식이었다. 하지만 매니저와 모종의 계약을 한 전기 작가가 헤디의 이야기를 소재 삼아 헤디의 삶이 아닌, 마치 소설과도 같은 헤디 라머 자서전을 써냈다. 그남은 헤디가 이야기한 내용을 과장하거나 교묘하게 포장하는 등 자극적인 방식으로 서술한 책을 세상에 내놓았다. 가장 악의적인 부분은 그의 결혼에 관련한 것이었다. '저는 성욕이 강한 사람이 좋아요. 저는 성욕이 넘쳐요'라는 황당한 문구를 썼고, 헤디가 성욕이 강해서 결혼을 여러 번 한 것이라고 기술했다. 헤디는 방송에도 출연해 이 책이 자신의 이야기가 아니라고 말했지만, 사람들은 그저 그의 루머를 즐길 뿐이었다. 이후에도 여러 책에서 그의 삶을 조명하려고 시도했지만, 그의 놀라운 발명과 인류에 대한 기여보다는 오락적 요소만을 담아내는 경우가 많았다. 팝아트의 대표격인 앤디 워홀은 당시 헤디를 그린 영화를 제작하기도 했는데, 신경 쇠약이었던 헤디가 절도 혐의로 재판을 받았던 내용을 우스꽝스럽게 담아냈다. 사람들에게 그의 불행은 즐거운 가십거리였다.

그러다 2017년, 알렉산드라 딘 감독과 배우 수전 서랜든 그리고 다이앤 크루거가 그의 삶을 재조명하는 영화 〈밤쉘(Bombshell)〉을 선보였다. 헤디의 가족과 친구 등 주변 인물들의 인터뷰와 더불어 한 기자가 90년대에 그와 이야기를 나눴던 녹취 파일을 중심으로 그의 삶을 재현했다. 영화는 최대한 그의 발자취를 그대로 남기려 노력을 했고, 헤디의 기쁨과 고충을 애정 어린 시선으로 따라간다.

밤쉘은 '매혹적인 여성'이라는 뜻도 있지만 '깜짝 놀랄 만한 소식'이라는 뜻을 동시에 담고 있는 단어다. 밤쉘로 살았던 헤디는 향수병과 신경 쇠약 그리고 대인 기피를 겪으며 힘든 말년을 보냈다. 재정적으로 힘들어졌지만, 그가 얻을 수 있는 수익은 영화협회에서 지급하는 연금 정도가 전부였다. 당연하게 지급돼야 할 특허에 대한 보상도 전혀 받지 못한 채 그는 사람들의 기억에서 잊혀가고 있었다. 그의 특허가 만료되기 이전인 1959년에도 해군에서 주파수 도약 기술을 사용한 자료들이 발견됐지만, 헤디에게 감사를 표하거나 배상을 하지는 않았다. 그러다 1990년에 들어 사람들에게 그의 업적이 알려지기 시작했고, 통신산업 종사자들은 그의 발명이 혁명이었다는 걸 가장 먼저 인지했다. 그제야 해군과 미국의 전투기 회사 록히드 마틴 그리고 미국 군사위성을 관장하는 밀스타 등 그의 기술을 사용한 많은 곳에서 헤디의 공로를 인정했고, 1997년에는 미국 전자개척재단(EFF)과 밀스타에서 상을 수여했다. 헤디는 EFF 시상식에서 "때가 왔군요"라는 한마디의 수상 소감을 남겼다고 한다. 세상을 놀라게 한 밤쉘, 헤디 라머다운 소감이었다.

헤디를 다룬 수많은 이야기가 그를 조명하기보다는 오히려 축소하고 왜곡했다는 것과 〈밤쉘〉을 통해서야 비로소 그의 삶을 좀 더 명확하게 볼 수 있게 됐다는 것은 눈여겨볼 만하다. 이는 헤디뿐 아닌 많은 여성이 겪는 고질적인 문제이기도 하다. 여성 청소년은 작은 일탈에도 '너답지 않게 왜 이래'라고 훈계

되지만, 남성 청소년은 '그저 졸업만 하면 다행'이라고 여기는 경우만 봐도 그렇다. 여성의 문제는 과장되고, 성취는 축소되며, 실수는 조롱거리가 된다. 이러한 사회적 분위기 속에서 여성은 완벽주의라는 굴레에 빠지기 쉽다. 여성들은 조금 더 자신감을 느끼고 서로에게 관대해질 필요가 있다. 미디어가 그리는 여성에 대한 왜곡된 시선을 그대로 받아들이지 말고 좀 더 객관적으로 비교해볼 필요가 있다.

헤디는 많은 차별과 배신에도 자신의 발명이 인류 복지에 기여했다는 것에 기뻐했다. 그는 세상을 사랑했고, 이것은 자신에 대한 깊은 사랑 없이는 불가능한 일이었다. 헤디 라머는 최고의 배우이자 발명가, 그리고 인류애를 실천한 위인이었다.

당신이 좋은 일을 하면 사람들은 당신에게 다른 이기적인 속셈이 있다고 여길 것이다. 그럼에도 좋은 일을 하라.

큰 생각을 하는 위대한 사람들이 좁은 마음을 가진 작은 사람들에 의해 무너질 수 있지만, 그럼에도 크게 생각하라.

당신이 수년을 공들여 만든 것이 단 하룻밤 사이 무너질 수 있지만, 그럼에도 계속 만들어라.

당신의 최고를 세상에 주고도 호되게 당할 수 있지만, 그럼에도 세상에 최고를 선사하라.

PART 3

지식의 선구자

아홉 번째

프로그램 개발의 역사,
그레이스 호퍼

Grace Hopper
1906-1992
프로그래머·수학자·해군 제독

'천재'는 보통 사람에 비해 선천적으로 뛰어난 능력을 타고난 사람을 뜻한다. '천재' 하면 생각나는 인물을 떠올려보자. 만약 당신의 머릿속에 가장 먼저 떠오른 그 인물이 남성이라면 이제 그레이스 호퍼(Grace Hopper)를 알아야 할 필요가 있다. 그는 컴퓨터와 인간 간의 원활한 소통을 위해 평생을 바친 사람이다.

만약 그가 없었더라면 아직도 이진법을 이용해 컴퓨터를 사용하거나 훨씬 느린 속도의 인터넷에 답답해하며 펜과 종이가 더 중요한 아날로그 시대에 살았을 것이다. 그는 컴퓨터가 이해할 수 있는 최초의 프로그래밍 언어인 'COBOL'을 개발해 컴퓨터와 대화할 수 있도록 해줬고, '버그(Bug)'와 이를 해결하는 '디버그(Debug)'라는 용어를 대중화해 이를 대체 불가결한 일상용어로 만들었다.

이런 그의 활약에 힘입어 과학(Science), 기술(Technology), 공학(Engineering), 수학(Mathematics)을 일컫는 '스템(STEM)' 분야에서 여성의 역할을 논의하기 위한 학회 GHC[69]가 설립되기도 했다.

모든 게 우리 마음에 달려있다.
사람이 하늘을 날 수 없을 거라고
말한 사람들이 있었음을 기억하라.
_그레이스 호퍼

호기심이 만든 천재

1906년, 미국 뉴욕시에서 세 자매 중 첫째로 태어난 그레이스 호퍼. 부친 월터 플레처 머레이는 통계에 익숙한 보험중개인이었고, 모친 메리 밴 혼은 토목기사였던 부친의 영향으로 수학적 능력이 뛰어났다. 모친 또한 그레이스처럼 어렸을 때부터 수학을 열렬히 사랑했다. 그러나 1800년대 후반에는 여성이 수학을 진지하게 배우는 일은 허용되지 않았다. 결국 그는 가족의 재정을 관리하는 기초적인 수학을 익히는 데 만족해야만 했다. 그때의 기억 때문인지 그의 모친은 그레이스의 학업을 물심양면으로 지원했다. 원하는 모든 책을 볼 수 있게 해줬으며, 무엇이든 시도해볼 수 있도록 독려했다.

그레이스가 고등학교에 다닐 무렵 그의 부친은 병으로 다리를 잃었고, 그로 인해 경제적인 어려움을 겪었다. 자식들이 좀더 여유로운 삶을 살길 바랐던 부친은 딸들이 스스로 독립할 수 있기를 원했으며, 여성도 남성과 동등한 교육과 기회를 가져야 한다고 믿었다. 어릴 때부터 그레이스는 자신이 '모든 것에 대한 열정'을 가졌다고 생각했다. 그 기질은 호기심으로 이어졌다. 자명종이 어떻게 작동하는지 궁금했던 7살의 그레이스는 원리를 알아보기 위해 자명종을 해체했다. 그러나 다시 원상태로 조립하지 못하자 이를 해결하기 위해 무려 7개의 시계를 연이어 분해했다. 하지만 모친은 그를 혼내는 대신 앞으로는 하루에 1개의 자명종만 분해하도록 제한을 뒀다. 이렇듯 양 친은 그가 원하는 것을 실천할 수 있도록 도와줬고 교육 또한 전폭적으로 지원했다. 당시 여자아이는 사립학교로 진학하는 것이 일반적이었고, 그레이스 또한 1912년부터 1916년까지 그라함 스쿨에서 학업을 이어나갔다. 1916년부터 1923년까지는 독서와 역사 그리고 교육 기술을 강조하는 뉴욕의 선메이커스 스쿨을 다녔고 그곳에서 농구, 필드하키, 수구를 배웠다.

우리에게 가장 큰 피해를 끼친 말은 '지금까지 항상 그렇게 해왔다'다.

　그는 신체적으로 매우 열세였다. 하지만 몸집이 작다고 해서 그가 스포츠에 참가하는 것을 막을 수는 없었다. 심지어 자신감과 여유까지 있던 그는 스포츠맨십도 좋았다. 뭐든 만능이었던 그레이스는 학업 성취도도 높아 남들보다 일찍 진급했다. 1923년, 17살이 되던 해에 그는 뉴욕주 포키지에 있는 명문 대학인 배서 대학[70]에 지원했다. 하지만 아쉽게도 외국어 읽기에는 능했으나 말하기에는 흥미가 없었기에 라틴어 시험에서 낙제를 받아 그해에는 입학하지 못했다. 다시 지원하기 위해서는 1년을 기다려야 했기에 그동안 뉴저지의 플레인 필드에 있는 하트리지 스쿨을 다녔다. 대학 준비 과정을 가르치는 학교인 하트리지 스쿨에서 그는 하키와 농구를 배우며 학교 신문사에서도 일하고, 연극부에도 참가하는 등 누구보다 학교생활을 열심히 했다. 그레이스는 그야말로 다양한 사람들에게 존경과 사랑을 받는 '어느 하나 부족한 게 없는 완벽한 천재'였다.

수학자에서 프로그래머로

1924년, 하트리지 스쿨을 졸업한 그레이스는 드디어 배서 대학에 입학한다. 배서 대학은 여성도 남성과 동일하게 교육을 받을 수 있도록 설립된 기관이었는데, 여성만 입학이 가능하다는 점이 그레이스에게 매력적으로 다가왔다. 그는 전공으로 수학과 물리학을 택했고, 그 외에도 식물학, 지질학 등의 과학과 관련된 모든 과정을 들었으며 경제학, 경영학까지 섭렵했다. 1928년, 21세의 그는 졸업과 함께 대학교에서 최고의 성적을 거뒀다. 동시에 대학에서 우수한 성적과 훌륭한 도덕적 성품을 가지고 있어야만 가입할 수 있는 파이 베타 카파 클럽[기]에 선출되는 영광을 안았다. 2년 뒤인 1930년, 그는 뉴욕대학교 영문과 교수인 빈센트 호퍼(Vincent Hopper)와 결혼한다. 특별할 게 없는 결혼생활이었고, 바뀐 것은 머레이(Murray)에서 호퍼(Hopper)로 바뀐 이름뿐이었다. 졸업 후에도 공부에 대한 열망이 여전했던 그는 예일대학교 대학원에 진학했다. 동생이 두 명이나 있었기에 더 이상 집에 손을 벌릴 수 없어 남편의 지원을 받다가 1931년 배서 대학에서 수학을 가르치기로 한다. 이해와 습득력이 빠르고, 어려운 개념도 쉽게 설명하는 능력이 매우 뛰어났던 그에게 배서 대학의 교수들이 강사 자리를 제안했기 때문이다. 그는 학생들이 이해하기 쉽도록 이론과 현실의 차이를 좁히기 위해 부단히 노력했다. 그 결과 부교수의 자리까지 오를 수 있었으며, 학생들은 그를 위대한 선생님이라 불렀다. 재미있는 점은 그가 첫 강의 시간마다 각자 좋아하는 수학 공식에 대한 에세이를 작성하도록 했다는 것이다. 얼마나 수학을 사랑했는지 알 수 있는 부분이다.

1934년, 강사 일과 학업을 겸하던 그는 마침내 수학 석사 학위와 수학 박사 학위를 차례로 취득했다. 당시 박사 과정 10명 중 4명이 여성이었는데, 그들 모두 학계 내에서 높은 수준을 인정받으며 성공적으로 자리를 잡았다. 1941년, 그가 배서 대학의 부교수로 임명됐을 당시 미국은 2차 세계대전에 참전하게 된다. 그레이스의 증조부인 알렉산더 윌슨 러셀은 미국 남북전쟁의 해군 제독이었고 그는 증조부의 영향을 받아 자연스럽게 미국 해군에 입대하기를 원했다. 그러나 당시 여성은 군대에 지원할 수 없었다. 전쟁이 장기화되며 남성이 부족해지고 나서야 미 해군 예비군 산하의 여성비상자원봉사대인 WAVES가 만들어져 여성을 받아들이기 시작했다. "남성을 뒤에서 서포트하자!"는 홍보 문에도 불구하고 국가에 도움이 되겠다는 일념하에 3~4만 명의 여성이 자원했다. 하지만 그레이스는 3가지 이유로 거절당한다. 나이가 기준 조건보다 많고, 기준 체중보다 적게 나갔으며, 결정적으로 그의 직업이 교수였기에 해군 측에서는 그가 민간인으로 남아있는 것이 전쟁에 도움을 줄 것이라고 판단했던 것이다.

그렇다고 쉽게 포기할 그가 아니었다. 강인한 의지와 체력을 드러내는 한편 배서 대학에서 휴직을 선언하는 등 간절함을 행동으로 보였다. 그가 입대에 이렇게 열정적이었던 이유는 무료했던 결혼생활에 지쳤기 때문이기도 했지만, 새로운 배움에 목말라있었기 때문이었다. 결국 그는 37세의 나이로 해군 장교후보생이 됐다. 수학자의 길을 걷던 그레이스가 인생의 전환점을 맞이한 시기가 바로 이때다. 입대 후 그는 미드십맨 스쿨에서 해군의 역사, 관습, 규정과 같은 다양한 수업을 들었다. 배, 잠수함, 비행기의 종류를 정확하고 즉각적으로 식별하는 법을 배웠으며 힘든 훈련을 소화해야 했다. 교육을 모두 이수했을 때, 그는 800명 중 수석으로 졸업할 수 있었다. 중위 계급장을 달고 처음으로 임관한 곳은 하버드 대학의 계산국이었다. 그곳에서 프로젝트 책임자이자 해군예비역 대위인 하워드 에이킨[73]을 만나 IBM ASCC(Automatic Sequence Controlled Calculator) 연구에 참여하게 된다. 이는 미국 최초의 대규모 자동 디지털 컴퓨터이자 세계 최초의 범용 컴퓨터인 하버드 마크 I을 활용한 연구였다. 책임자인 에이킨은 자신의 연구 그룹을 엄격하게 운영했는데 그레이스에게도 예외는 아니었다.

에이킨은 그레이스에게 높이 2.4m, 길이 15m의 컴퓨터를 가리키며 "다음 주 목요일까지 함포의 탄도 계산표를 갖게 되면 기쁠 것 같네요"라며 무작정 프로젝트를 맡겼다. 최초의 프로그램 방식 디지털 컴퓨터인 마크 I는 75만 개 이상의 부품으로 구성됐으며 수백 개의 케이블을 꽂고 뽑는 게 그 당시 프로그래밍 방식이었다. 그는 이 궤적 계산을 맡으며 컴퓨터라는 기계를 처음 대면했지만, 단 일주일 만에 그의 표현대로 "'짐승' 을 프로그래밍하고, 프로그램을 실행하는 방법"을 익혔다.

그는 집요한 노력으로 마크 I이 어떻게 작동하는지 완벽히 파악했다. 더 나아가 컴퓨터가 계산을 좀 더 빠르게 할 수 있도록 계산식을 이진 코드로 바꿨다. 그 과정에서 그레이스는 최초로 마크 I의 작동원리와 역사에 대해 서술한 《자동순차제어계산기의 작동을 위한 매뉴얼》을 출판했고, 에이킨과 함께 마크 I과 관련된 3개의 논문 또한 공동 저술했다. 세계 최초의 대규모 컴퓨터를 조작해보며 프로그래머로서의 입지를 견고히 다진 셈이다.

컴퓨터 세계에 혁명을 일으키다

전쟁을 수행하기 위해서는 적들의 움직임을 고려해 목표 거리, 각도, 방향, 온도 등을 정밀히 계산하는 수학자가 반드시 필요했다. 다양한 학문, 특히 수학에 능통했던 그레이스는 이 일의 적임자였다. 2차 세계대전과 냉전을 겪으며 수학의 중요성에 눈을 뜬 미군은 초기 컴퓨터 산업과 밀접한 관계를 맺게 됐고 그레이스는 그 중심에 서게 된다.

1945년, 차츰 자신의 길에 확신을 갖게 된 그레이스는 배서 대학의 교수직 제안도 거절하는 한편, 남편인 빈센트와도 갈라서게 된다. 이후 빠르게 발전하는 컴퓨터 분야에 매료돼 연구소에 계속 머무르는데, 그가 위대한 수학자이자 세기의 프로그래머로 거듭나는 역사적인 순간이었다.

1946년, 현역에서 물러난 그는 예비역으로 남아 연구원 계약직으로 일하며 마크 I에 이어 마크 II와 마크 III 개발도 도왔다. 연구가 한창이던 1947년 9월 9일, 갑자기 마크 II의 메인 프레임에 오류가 발생한다. 원인을 확인하던 그는 기계 틈새에 나방이 끼어있는 것을 발견하게 된다. 단순한 해프닝으로 넘길 수도 있었으나 그는 마크 II 일지에 나방과 함께 '실제 버그가 발견된 첫 번째 사례'라는 문구를 적어 기록을 남겼다(이 나방과 메모는 해군에서 여러 해 동안 전시하다, 현재 스미소니언 박물관에서 소장 중이다).

이를 계기로 버그(Bug)는 컴퓨터 프로그램에서 발생한 오작동을 정의하는 용어가, 디버깅 또는 디버그는 버그의 원인을 밝히고 수정하는 작업 과정을 뜻하는 용어가 됐다. 컴퓨터가 생기기 전부터 '버그'는 고장을 뜻하는 단어로 통용되긴 했지만, 컴퓨터 용어로 쓰인 예는 그레이스가 최초다. 오늘날 버그는 전 세계적으로 통용돼 누구나 뜻을 알고 있는 단어가 됐고, 프로그래밍 툴에서도 디버그 실행 버튼은 대부분 벌레 모양의 아이콘을 사용하고 있다. 곰곰이 생각해봐도 이를 대체할 단어가 쉽게 떠오르지 않는 게 사실이다. 단어가 가지는 힘은 생각보다 크다. 설명하고자 하는 문장들을 단 몇 글자로 표현할 수 있기 때문이다. 그는 이 일화를 좋아해서 자신의 지인들에게 자주 이야기했다고 한다. 이후에도 그는 하버드 연구소에서 근무

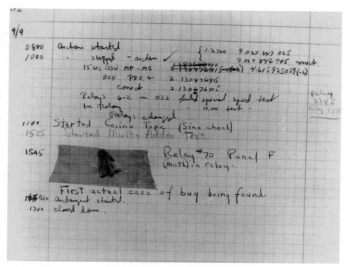

당시 발견된 벌레의 모습. 'First Actual case of bug being found'라 적혀있다.

하며 자신의 일에 큰 자부심을 느꼈으나, 정작 자신의 작업물이 전쟁에서 어떻게 활용되는지는 알지 못했다. 어느 날, 그는 자신의 연구물들이 전쟁에 쓰였다는 사실을 알고 큰 충격에 휩싸인다. 그때부터 그는 1949년 계약이 만료돼 연구소를 떠날 때까지 알코올 중독에 시달렸다.

하지만 그는 세상을 바꾸고 말겠다는 의지를 굽히지 않았고, 그런 그에게 새로운 기회가 찾아왔다. 애니악[74] 개발자들이 만든 스타트업 회사에 선임 수학자로 스카우트된 것이다. 프레스퍼 에커트와 존 머칠리가 설립한 EMCC(Eckert-Mauchly

Computer Corporation)는 연구실과 군대에서만 사용되는 컴퓨터의 상용 버전을 만드는 것이 목표였다. 이 컴퓨터를 가칭 '유니박'이라 불렀는데, 그레이스는 유니박 I 개발팀에 합류해 소프트웨어 도구 개발에 앞장서게 된다. 연구실에서 많은 시간을 보낸 그에게 회사 생활은 혹독했다. 연구 성과만 내면 됐던 과거와 달리, 누군가에게 컴퓨터를 팔아 수익을 창출해야만 했기 때문이다. 그는 EMCC에서 일하는 동안 이러한 압박감에 시달리며 스스로 완벽을 추구하고자 했다. 그가 하는 일은 그를 포함한 소수만이 할 수 있는 일이었고, 그만큼 주변에서 거는 기대 또한 상당했기에 부담감이 클 수밖에 없었다.

어메이징 그레이스

컴퓨터가 전쟁에 활용되는 것을 알게 되고 낙담한 그레이스의 새로운 비전은 컴퓨터가 인류 친화적인 도구가 되는 것이었다. 가장 큰 선결과제는 여전히 복잡한 프로그래밍 방식의 개선이었다. '이용자가 보다 쉬운 명령어를 활용해 컴퓨터를 다룰 수 있게 된다면?', '그 명령을 컴퓨터가 자동으로 수행할 수 있다면?', '컴퓨터가 인류의 부담을 대신할 수 있다면?' 그는 기계어가 아닌 일상 언어로 프로그래밍이 이뤄진다면 누구나 컴퓨터에 쉽게 접근할 수 있을 거라 판단했다. 그는 곧장 영어를 활용한 프로그래밍 언어 개발을 제안했지만, 이 아이디어는 무려 3년 동안이나 받아들여지지 않았다. 모두 "컴퓨터가 영어를 이해하지 못하기 때문에 이 아이디어는 결코 실현될 수 없다"고 말했다. 그러나 그는 없던 것도 만들어내는 고집이 있었다.

사람들의 회의적인 반응에도 굴하지 않고 그는 자신의 생각을 밀고 나갔다. 1952년, 마침내 세계 최초의 컴파일러(번역 프로그램)인 A-0 소프트웨어를 만들어 그의 생각을 증명해 보였다. 첫 번째 버전인 A-0 시스템은 수학 코드를 기계어로 번역할 수 있었는데, 이로써 고작 계산기에 불과하던 컴퓨터가 언어를 인식할 수 있게 됐다. 그는 A-0을 제작하면서 자신이 수년간 수집해온 서브루틴[75]을 모아 테이프에 저장했고, 서브루틴마다 호출 번호를 지정해 컴퓨터가 테이프에 있는 서브루틴을 찾을 수 있도록 했다. 계산 과정을 거칠 때 반복해서 사용하는 계산은 매우 지루해 종종 실수가 발생했기에 생각해낸 방법이었다.

이 시스템은 매우 효율적이었는데 컴파일러가 만들어지기 전에는 간단한 방정식을 해결하기 위해 3명의 사람과 14시간 이상이 소요됐다면, 컴파일러를 사용한 후로는 한 사람이 한 시간 이내에 그 기능을 수행할 수 있었다. 그레이스는 거기서 멈추지 않았다. A-0은 그가 원하는 컴파일러를 위한 첫 걸음이었을 뿐, 이후 A-1과 A-2 버전을 만들어 차차 기능을 개선해나갔다. 근래에는 A-0이야말로 최초의 오픈소스[76] 프로그램이라고 말하기도 한다. 소스 코드가 무료로 제공되며, 사용자들이 그것을 개선하도록 권장했기 때문이다. 업데이트에 박차를 가한 그는 그다음 버전인 B-0, 비즈니스 언어 버전을 출시한다. 정식 명칭은 플로우매틱(FlOW-MATIC)으로, 최초의 영어 데이터 컴파일러이자 단어를 사용하는 최초의 컴퓨터 언어다. 이 놀라운 발견은 그의 천재성을 다시 한번 증명했다. 플로우매틱은 일반적으로 0과 1로 구성된 이진 코드로 프로그램을 작성해야 했던 것과 달리 'if', 'stop', 'output', 'write', 'read', 'transfer' 등 20개의 영어 명령어를 이해했기 때문에 오류 없이 코드를 더욱 쉽고 빠르게 작성할 수 있었다.

    B-0은 컴퓨터 이용 확장과 접근성을 높였고, 특히나 기호가 아닌 단어를 명령어로 사용한다는 점에서 컴퓨터에 대한 편견을 없애는 데 큰 역할을 했다. 덕분에 컴퓨터 사용자는 점점 늘어났고, 명령어가 숫자가 아닌 영어로 사용됐기에 표준화된 언어의 필요성이 대두됐다. 컴퓨터 회사들은 너도나도 할 것 없이 비즈니스 언어를 만들기 위해 경쟁에 뛰어들었다. 1959년, 마침내 그레이스와 그의 프로그램을 기반으로 한 데이터 시스템 언어에 관한 위원회가 설립됐다. 컴퓨터 공급 업체 간 표준 프로그래밍 언어 개발을 위해 결성된 단체로 데이터 처리와 관련된 사업체, 정부의 컴퓨터 전문가들로 구성됐다. 이들의 목표는 보다 효과적인 컴퓨터 데이터 시스템을 구축하고, 많은 컴퓨터에서 이 언어가 이용될 수 있도록 하는 것이었다. 그렇게 그레이스를 포함한 많은 사람의 노력 끝에 최초의 표준화된 비

즈니스 언어인 코볼이 출시됐다. 누구나 사용할 수 있는 언어를 만들겠다는 목표로 몇 년간의 노력 끝에 달성한 것이다. 그레이스는 코볼의 최종 단계에 없었지만, 그와 그의 작업물인 플로우매틱이 코볼에 지대한 영향을 미친 것은 모두 인정한 사실이었다. 코볼의 결과는 성공적이었고, 전 세계에서 가장 널리 사용되는 프로그래밍 언어가 됐다. 코볼은 여전히 많은 대규모 정부 시스템, 보험 및 의료 분야와 은행에서 실행되고 있으며 전세계 모든 코드의 약 80%인 240억 개가 코볼로 작성된 것으로 추정되고 있다. 그는 '코볼의 창시자'로서 세상에 혁신을 선물한 인물이다.

1966년, 그의 나이 60세에 마침내 해군에서 은퇴하게 된다. 그러나 채 1년도 되지 않아 곧 복귀해, 이후로 무려 10년간 해군 프로그래밍 언어 그룹의 책임자를 맡는다. 사용하는 프로그래밍 언어를 표준화하기 위해 해군이 그의 도움을 필요로 했기 때문이다. 그리고 1985년, 마침내 그는 미 해군 역사상 최초의 여성 해군 제독이 된다.

그레이스는 37세에 프로그래밍을 시작했다. 그리고 훌륭한 업적들을 남겼다. 수많은 도전 중, 단 하나라도 망설였다면 오늘날 컴퓨터 역사는 아주 더디게 발전했을지도 모른다. 만일, 너무 늦게 새로운 일에 뛰어드는 것이 아닌가 고민되는 독자가 있다면 그레이스의 삶이 보여주는 강력한 메시지를 떠올리며 용기와 자신감을 가질 수 있기를 바란다.

열 번째

조선 최초 양의사,
김점동

1876-1910

조선 최초 양의사 · 한국 최초 미국 유학생 · 박에스더 이름이 없다면 기억될 수도 없다. 그렇게 많은 여성이 역사 속에서 호명되지 못해 잊혀갔다. 무명(無名)은 여성의 존재를 부재로 만들었고, 그들을 기억하고자 하는 이들은 당시 상황에 대한 기록을 통해 간접적으로 그들의 삶을 유추해야만 했다. 그렇다면 반대의 경우는 어떨까? 신기한 것은 이름이 많은 사람도 크게 다를 것이 없다는 점이다.

네 개의 이름으로 불리는 김점동의 이야기다. 만약 '서양 의학을 배운 최초의 여성 의사'라는 수식어에 감명받아 김점동을 검색한다면, 박에스더라는 이름을 같이 볼 수 있을 것이다. 곧 '누가 최초라는 거지?' 하는 의문이 들 것이다. 김점동, 김정동, 김에스더 그리고 박에스더. 모두 한 사람을 부르는 말이다[7]. 조각조각 흩어진 기록은 그를 하나의 인물로 떠올리기 어렵게 만든다. 그렇기에 이 책에서는 그가 온전하게 기억되도록 김점동이라는 본명 하나만을 사용할 것이다.

무(無)에서 유(有)를 창조한 야망가 김점동은 후회되지 않는 삶을 위해 온 힘을 다했고, 그 결과 많은 여성이 그에게 감명받아 배움에 관심을 두게 됐다. 가부장제가 사회를 지배하던 1900년대 초. 그는 여성도 배울 수 있고 전문적인 일을 할 수 있다는 몸소 보여줬다.

짧은 생이었으나 여성을 위해 헌신하고 선구자가 된 인물. 여성을 억누르는 조선 후기 시대적 배경과 가난에도 자신의 꿈을 포기하지 않았던 사람. 근대 전문직종 중 의료 분야가 가장 빨리 등장할 수 있었던 것은 조선 여성들을 암흑에서 구하고자 했던 그의 일념과 지치지 않는 도전 정신 덕분이었다.

육체뿐 아니라 영혼의 고통을 구제하는 병원,
그러한 병원들이 많이 세워져
많은 환자들을 치료할 수 있기를 희망한다.
_김점동

두 번째 집, 이화학당[78]

김점동은 서울 정동에서 태어났다. 그가 태어난 1876년
에 조선은 일본과 강화도 조약을 체결했고 이 때문에 세계의 열
강들이 조선으로 밀려들어 왔다. 정동은 그 대표적인 지역이었
다. 사대문 안쪽으로는 외국인 거주를 금지했기 때문에, 경복궁
접근이 쉽고 왕실의 재량권 아래 있는 정동에 외교·교육·선교
시설이 들어오면서 많은 서양인이 거주하기 시작했다. 정동은
조용하고 가난한 동네에서 외교의 장으로 변모했고, 서양 문물
을 가장 빨리 받아들이는 곳이 됐다.

조선 사람들은 그들을 경계했지만, 서양인들은 제국주의
국가에서 온 이들이라 이런 상황에 대한 경험이 많았다. 그중
종교인들은 현지인들과 가까워지기 용이한 교육과 의료 시설
을 1순위로 지었다. 미국에서 선교사로 온 메리 스크랜턴(Mary
Scranton)과 그의 가족도 정동에 학교와 병원을 지었는데, 이
학교가 여성을 위한 최초의 근대 교육기관인 이화학당이다. 메
리는 "여성도 배워야 하고 이름을 가져야 합니다. 그래야 조선
에 힘이 생기고 강해집니다"라고 호소하며 학생을 모집했으나,
당시 여자아이에게 교육을 시키는 것은 쓸모없는 일로 여겨졌
기에 한동안 학생이 없었다.

그 시기 열 살 김점동에게 여동생이 태어났다. 부친은 "가
난한 집안이지만 대를 이을 아들이 있어야 한다"며 양아들을

들였다. 식구가 늘어 생활이 어려워지던 참에 부친은 선교사 아펜젤러의 집에 일자리를 구하게 됐고, 점차 기독교와 서양인들에 익숙해졌다. 아펜젤러는 메리가 운영하는 이화학당에 딸을 보내라며 권유했는데, 부친은 숙식이 해결된다는 이야기를 듣고 김점동을 입학시키기로 한다. 양친에게는 네 명의 딸과 양아들이 있었다. 이름이 알려지지 않은 첫째는 이미 결혼을 해서 따로 살았고, 둘째 김마리아는 열세 살로 당시 기준으로는 곧 결혼해야 할 나이였다. 막내는 한 살이었으니, 학교에 들어가야 하는 딸로 김점동이 선택된 것이다.

그렇게 아들이 대를 잇는다는 관습과 가난 때문에 김점동은 우연히 학당 생활을 시작하게 된다. 서양인들이 많이 사는 지역에서 나고 자랐지만, 어린 그에게 서양인은 낯선 존재였다.

1880년대 당시 이화학당의 모습

첫 만남에서 메리는 따뜻하게 데운 난로에 가까이 오라며 김점동을 불렀는데, 김점동은 그가 스토브 안에 자신을 집어넣으려는 줄 알았다고 회고하기도 했다. 하지만 곧 그가 좋은 사람이라고 여기게 된 김점동은 학당 생활에 빠르게 적응해나갔다. 이화학당에는 2명의 한국인 교사와 몇몇 미국인 교사들이 있었으며, 김점동은 한글, 한문, 수학, 지리, 과학, 오르간 그리고 영어[79] 등을 배웠다. 가난한 집안의 셋째 딸로 태어나 매일 먹고사는 것을 걱정해야 했던 그에게 공부는 무척 즐거운 일이었다. 배움이 빠른 김점동을 눈여겨본 메리가 그를 장학생으로 추천했고, 그는 매년 40달러의 장학금을 받게 됐다.

이화학당 학장인 메리 스크랜턴의 아들은 의사였는데, 메리와 함께 조선에 와서 의료 선교활동을 펼쳤다. 그남의 진료소에는 항상 가난한 환자들이 진찰을 받으러 왔지만, 여성 환자는 찾아볼 수 없었다. '여남(女男)이 서로 다르기에 일곱 살이 지나면 한 공간에 있어서는 안 된다'는 유교적 관습 때문이었다. 여성들은 한의학과 서양 의학 어떤 것에서도 혜택을 받을 수 없어 민간요법에 주로 의지했으며, 간단히 치료할 수 있는 병도 큰 병으로 키우게 되곤 했다. 이를 안타깝게 여긴 메리의 청원으로 후원을 받아 이화학당 교내에 조선 최초의 여성 전문 병원이 설립됐고, 명성황후는 이 병원에 '보구여관(普救女館)[80]'이라는 이름을 하사했다. 이는 '널리 여성을 구원하라'는 의미였다. 보구여관의 초대 의사인 메타 하워드[81]가 1887년 입국해 진료를 시작했고 많은 여성들이 치료를 받았다. 하워드는 2년 동안 3,000여 명의 환자를 치료했지만, 정작 자신의 건강은 악화돼 미국으로 돌아갔다. 그리고 1년 후인 1890년, 로제타 셔우드 (Rosetta Sherwood Hall)가 보구여관에 도착한다. 김점동과 로제타의 깊은 인연의 시작이었다.

불굴의 유학생

로제타 셔우드는 한국어를 할 줄 몰랐지만, 오랫동안 여성 의사를 기다려온 환자들을 위해 바로 진료를 시작했다. 그가 한국어를 배울 시간이 없었기에 영어에 숙달된 이화학당의 학생 중 일부에게 통역과 진료 보조를 맡겼고, 그렇게 김점동은 로제타를 돕게 됐다. 그는 약을 제조하거나 의료 보조하는 것에는 크게 관심이 없었지만, 영어를 유독 잘해서 매일 진료소에서 통역하며 의료 활동을 경험했다. 로제타는 영특한 아이들이 자신의 보조로만 잠시 일할 게 아니라, 장래에도 사회에 도움이 되는 사람으로 자라길 바랐다. 그리하여 그는 '여성을 위한 의료 사업은 여성의 힘으로'라는 신념으로 의학훈련반을 만들었고, 생리학과 약리학 등을 가르치며 여성 의료인 양성 사업을 진행했다. 또한 보구여관에서는 약의 제조법과 환자를 대하는 법의 실습 교육까지 병행했다. 김점동을 포함한 5명의 훈련반 학생들은 착실한 학습과 실습을 통해 훌륭한 의료 보조원으로 성장한다.

　어린 나이에 학당 생활을 시작했던 김점동은 선교사들을 잘 따랐고, 16살에 세례를 받아 '에스더'(Esther)라는 이름을 갖게 됐다. 선교사들은 한국 이름보다 발음하기 쉬운 에스더로 그를 불렀고, 그 자신도 세례명을 주로 사용했다고 한다. 세례를 받은 김점동은 학당을 졸업한 후에도 로제타의 병원 일을 도우며 지냈는데, 그가 10대 중반의 나이에도 왜 결혼하지 않는지는 항상 환자들과 주변 사람들의 화두였다. 그에게 어딘가 문제가 있는 게 아니냐는 얘기까지 들리게 되면서, 그를 자식처럼 여기던 메리 스크랜턴은 김점동의 결혼 상대를 서둘러 구하고자 했다. 반면 그가 로제타에게 남긴 편지에는 자신이 결혼을 원치 않을 뿐 아니라 남자를 싫어한다고까지 적혀있다. 사실 로제타는 일찍 결혼해야 하는 조선 여성들에 연민을 느끼며 영특한 제자가 결혼하지 않고 자신과 함께 일하기를 바랐다.

　하지만 독신으로 산다는 것은 조선 사회에 용납되지 않는 관습이었기에, 로제타는 2년 동안이나 김점동의 배우자가 될 만한 사람을 찾았다고 한다. 김점동 또한 가족과 친척들에게 고민거리가 되고 싶지 않았고, 사회의 인정을 받기 위해 결국 결혼을 하기로 했다. 선교사들이 추천한 이는 로제타 남편의 조수인 박유산이라는 남자였다. 김점동의 야망과 신념을 잘 알고 있었기에, 결혼 상대로 추천하기 전 선교사들이 박유산에게 물은

김점동과 박유산

것은 단 하나였다. 가족을 위해 요리와 바느질만 하는 여성을 아내로 맞을 것인지 아니면 종교인이자 일하는 여성을 아내로 맞을 것인지. 그남은 후자라 답했고 둘은 결혼하게 된다. 그리고 결혼 이후 김점동은 서양의 방식대로 남편의 성을 따라 김에스더가 아닌 박에스더로 불리게 됐다.

역사가들에게는 여성들이 어떤 발자취를 남겼는가보다 누군가의 아내라는 정체성이 중요했던 것 같다. 김점동의 빛나는 업적에도 불구하고 박에스더로 기록됐듯, 당시 여성들에 대한 자료를 보면 결혼 후 따른 남편의 성과 세례명만이 남아있는 경우가 대부분이다. 그의 모친은 연안 이씨, 언니는 신마리아로만 기록돼있는 것처럼 말이다.

김점동은 의료 보조로 일하고 의학 관련 교육을 받으면서 로제타로부터 많은 영향을 받았고, 둘은 종종 편지로 마음을 나

넀다. 수년 동안 로제타의 의료 행위를 가까이에서 보고 겪으며 김점동은 자신도 의사가 되겠다는 꿈을 키워나갔다. 그는 로제타가 평양으로 파견됐을 때에도 함께 평양에서 머무르며 일을 도왔다. 그러던 중 로제타의 남편이 병으로 목숨을 잃었고, 임신 중이던 로제타는 미국으로 돌아가게 됐다. 항상 로제타를 곁에서 도왔던 김점동은 자신도 미국에 함께 데려가주기를 간절히 요청했다. 그는 오랫동안 염원해왔던 미국에서의 의학 공부 기회가 지금이 아니면 다시는 오지 않으리라 생각했다. 김점동이 열렬히 의학 공부를 원하고 있다는 걸 잘 알았던 로제타는 그와 그의 남편을 미국으로 데려간다. 로제타는 자신의 친구들을 통해 김점동의 유학 경비를 모금했고, 선교회에 요청해 일부 비용을 지원받도록 도왔다. 그렇게 1894년 겨울, 김점동의 미국 생활이 시작됐다.

낯선 땅에서의 생활은 고됐다. 영어 실력이 뛰어나 의사들의 통역을 했던 그였지만, 의과 대학 입학을 위한 공부는 다른 차원의 이야기였다. 대학에서 제대로 수업을 듣기 위한 준비로 그는 유학 첫해 뉴욕 리버티의 공립학교에 입학했다. 현지 아이들의 진도에 맞추고자 과외비를 내고 친구 집에서 합숙하며 공부했고, 교수를 찾아가 라틴어, 물리학 그리고 수학 등을 배웠다.

심지어 그는 당시 임신 중이었는데도 꿈을 이루기 위한 노력을 멈추지 않았다. 로제타와 선교회를 통해 모인 돈으로 학비를 충당했지만, 생활비까지 감당하기에는 역부족이었다. 그의 남편은 내조를 위해 농장과 식당에서 일했고, 김점동은 입국한 지 약 7개월 후부터 뉴욕 시의 유아병원에서 일했다. 로제타의 의료 보조로 겪은 4년간의 경험이 빛을 발한 순간이었다.

남다른 노력과 주변의 도움으로 김점동은 무사히 볼티모어 여자의과대학에 입학한다. 최연소의 나이였다. 많은 이의 응원과 지지를 받은 만큼 그는 공부에 전념하기로 마음먹었다. 여유라고는 없는 팍팍한 생활에도 그는 의사가 되기 위한 의지를 불태웠으나, 돌연 한 살배기 딸이 숨을 거뒀고 남편이 결핵으로 사망했다. 타지에서 가족을 잃은 김점동에게 로제타는 한국으로 돌아갈 것인지 물었는데, 김점동는 결의에 찬 어투로 답했다.

큰 상실감을 느끼면서도 조선 여성들의 안타까운 삶이 마음에 걸렸던 김점동은 굳건히 공부를 계속했고, 우수한 성적으로 대학을 졸업했다. 그를 가르친 교수들이 미국에 남아 함께 일하자고 제안을 해왔지만, 그에겐 조선 여성들이 아프지 않고 잘 사는 것이 더 중요했다. 1900년, 그렇게 그는 고향 땅에 돌아왔다. 조선은 그 시기 대한제국으로 바뀌었고, 영어를 좋아하던 아이는 서양 의학을 배운 조선 최초의 여성 의사가 돼있었다.

지금 이것을 포기하면 다른 기회가 오지 않을 것을 알고 있다. 나는 나의 최선을 다해 노력할 것이고, 최선을 다한 후에도 배울 수 없다면 그때 포기하겠다. 그전에는 아니다.

조선인 양의사[83]

김점동의 귀국을 가장 반긴 이는 로제타였다. 로제타는 1897년 조선에 돌아와 평양에서 여성 치료소인 '광혜여원'과 어린이병동을 열었는데, 병원이 항상 환자들로 붐벼 그는 쉼 없이 일해온 참이었다. 김점동은 귀국하자마자 로제타의 일을 이어받아 수천 명의 환자를 치료했고, 어린이 병동의 환자를 돌보며 왕진까지 다녔다. 1년 후, 의료 선교사가 안식년 휴가를 떠나게 되면서 그는 자신이 의료 보조로 일했던 보구여관에 정식 의사로 발령받는다. 한국인 여성 의사가 있다는 얘기에 환자들이 몰려들었고, 김점동은 주 6일 일정으로 부단히 진료했다. 공식 진료 시간이 있었지만, 일요일과 휴가 기간에도 사람들은 그의 집까지 찾아와 진료를 부탁했다. 이러한 응급 진료들 때문에 그는 그해 진료한 것으로 기록된 3,000여 명보다 훨씬 더 많은 환자를 치료했을 것으로 여겨진다.

휴일에도 진료해달라며 환자들이 찾아오는 곤란한 상황을 겪으면서도 그는 더 많은 이를 치료하고 싶어 했다. 콜레라로 나라 전체가 들썩일 때, 사람들이 쥐가 옮기는 병이라며 집집마다 고양이 그림을 걸어두는 것을 보고 김점동은 크게 안타까워했다. 그는 제대로 된 의료를 접하지 못하고 미신에 의존해야 하는 한국 여성들이 다시는 죽음의 공포에 떨지 않기를 바랐다. 이런 김점동을 도운 조력자는 후에 간호원 양성소의 첫 졸업생이 되는 그의 동생, 김배세[84]였다. 그는 김점동이 건강 악화로 진료를 쉴 때에도 로제타를 도우며 의료 활동을 이어나갔다.

김점동은 2년간 보구여관에 있다가 평양으로 돌아가 다시 로제타와 함께 일했다. 그는 여성들이 편하게 자신의 증상을 얘기할 수 있는 첫 의사였다. 많은 환자가 수술을 위해 광혜여원을 찾았으며, 안과 질환·귓병·피부병 등 다양한 원인으로 진료를 받으러 왔다. 병원에 숙련된 간호사가 없었기에 김점동은 준비부터 수술까지 직접 해야 했고, 로제타와 함께 온 힘을 기울였다. 당시 여성은 아이를 낳은 직후에도 육아와 집안일 그리고 농사까지 해야 했기에 자신의 몸을 돌보기 힘들었다. 산후조리를 한다고는 하지만 이 기간은 대체로 3일 미만이었으며 많은 이들이 산후병으로 다년간 고생했다. 김점동은 대표적인 산후병인 방광질루[85] 환자들을 여럿 진료했는데, 몇 번의 시행착오를 거쳐 인공관을 삽입하는 수술에 통달하게 됐다고 한다. 현대화된 기구나 시설은 없었지만, 김점동과 로제타의 수술 기술은 나날이 향상돼 많은 한국 여성들에게 건강한 삶을 되돌려줬다.

그는 숱하게 진료를 해오면서 위생 교육을 통해서도 한국 여성들을 도울 수 있을 것이라고 생각했다. 같은 시기에 국가 차원에서 이미 위생에 대한 개념을 논의하고 있었으나 백성들의 일상생활과는 먼 얘기였다. 게다가 여성들은 항상 국가 정책이나 교육의 영향을 덜 받았기에, 김점동은 그들을 위한 교육이 필요하다고 여겼다. 그는 진료소를 찾는 이들에게 위생을 강조했고 건강 문제에 대해 강의했다. 이외에도 맹인학교 강의, 간호학교 강의, 왕진 등으로 쉴 틈 없이 일하던 김점동은 1905년 폐결핵 초기 증상으로 진료를 중단하게 된다.

의사는 전염병을 두려워해서는 안 된다. 의사가 두려워하면 아픈 사람들은 누구를 믿어야 하는가?

그는 추운 날에도 당나귀를 타고 첩첩산중에 있는 환자를 진료하러 가고, 전염병이 유행하는 곳도 마다하지 않고 방문하는 의사였다. 누적된 피로로 면역력이 약해진 상태에서 많은 환자와 마주해야 했기에, 그가 병에 노출된 것은 이상한 일이 아니었다. 이후 몇 년 동안 그의 건강은 좋고 나빠짐이 반복됐고, 진료를 꾸준히 맡을 수 없는 지경에 이르렀다. 어쩔 수 없이 그는 환자를 치료하는 시간을 줄여야 했지만, 여성들의 삶이 조금이나마 빛을 볼 수 있도록 돕는 것이 자신의 역할이라 생각해 교육과 맹인학교 점자 교재 번역 등에 힘썼다.

김점동이라는 역사

그가 투병 생활로 힘들어할 무렵, 대한 부인회를 비롯한 여성 단체와 학교들이 연합해 김점동, 김란사[86], 윤정원[87]을 위한 귀국 환영회를 개최했다. 황제까지 참석한 환영회에서 이 세 명의 여성들은 선구자라는 이름으로 표창을 받았고, 행사에는

1,000명에 달하는 사람들이 참석해 화제가 됐다. 세 인물 중 가장 주목받은 것은 교육자인 윤정원이었는데, 그가 김점동과 김란사보다 잘 알려졌던 데는 교육 수준이나 직업보다는 사회적 분위기의 영향이 컸다.

윤정원은 계몽운동으로 유명한 부친으로 인해 가장 큰 관심을 받았고, 김란사는 이화학당의 교육자이자 기혼자였다. 하지만 김점동에게는 남자 가족이 없었다. 당시 여성은 뛰어난 능력이 있더라도 집안 혹은 남편과 아들로만 평가받았기에, 김점동이 윤정원이나 김란사보다 덜 알려져있던 것이다. 그럼에도 김점동은 많은 사람과 국가로부터 자신의 노력이 인정받았다며 자랑스러워했다. 아쉽게도 그로부터 1년 후인 1910년에 그는 김마리아의 집에서 투병 생활을 하다 짧은 생을 마감했다.

그의 사망 후 한국의 여성 의료 분야는 침체기를 겪었다. 의료 선교사들이 파견된다고 해도 의사는 항상 부족했기에, 김점동을 비롯한 여성 의사들이 과로를 겪을 수밖에 없는 상황이었다. 이러한 문제를 해결하기 위해서는 한국에서 자체적으로 여성 의료 인력을 양성해야만 했다. 하지만 근대 의학을 가르치는 의학교가 1899년 개교했음에도 여성은 입학할 수 없었으며, 일제 치하에서는 의료 교육에 대한 국가의 재정 지원마저 중단됐다.

심지어 학교에서 청강조차 금지되며 배움을 이어나가기 더욱 어려워졌다. 1918년에 드디어 한국에서 의학사 자격을 획득한 첫 여성 의사가 탄생했는데, 여성이 근대 의학을 익히려면 다양하고 거대한 난관이 있었던 시기에 이러한 성취는 괄목할 만한 것이었다. 열악한 시대에도 여성들은 의학 공부에 대한 열의를 가졌고, 여성 의사 양성에 사명감이 있었던 이들은 우여곡절 끝에 1938년 첫 여성 전문의학 교육기관을 설립하기에 이른다. 여성들이 이렇게 의료 활동에 적극적으로 도전할 수 있었던 것은 그 길을 앞장서 걸었던 김점동 덕분이었다. 많은 여성은 자신도 공부하고 직업을 가지며 성공할 수 있다는 것을 그를 통해 깨달았다. 김점동의 뒤를 이은 여성 의사들은 김점동의 도전정신과 집념을 본받아 자신들의 삶에서 실천했다. 그들은 당대의 지식인으로 독립운동과 계몽운동 등 사회를 위해 헌신했고, 더 나은 삶을 살기 위해 서로 연대했다.

양의사는 남성과 여성이 동시대에 등장한 독보적인 직종이다[58]. 비범한 재능을 가진 김점동이 자신에게 다가온 기회를 단단히 잡고 놓치지 않았기에 여성 의료계는 지금처럼 오랜 역사를 가질 수 있었다. 또한 자신의 재능을 알아보고 지지해주는 여성들의 연대와 사랑이 있어, 새로운 길을 개척해나가면서도 지치지 않고 앞으로 나아갈 수 있었다. 하지만 한국의 의료계 역사는 남의사 중심으로 이뤄져있고, 지금도 여전히 남성 지배적이다. 폭넓은 활동에도 여성 의사들의 역사는 제대로 다뤄지지 않았고, 의학사에서 조명되는 경우도 극소수였다.

그렇기에 우리는 이제라도 그들의 이름을 부르고 기억해

야 한다. 한국 사회에서 여성은 개인으로 고려되기보다는 하나의 단위로 여겨지기에 이러한 시도는 의료계뿐 아닌 사회 전반에서 실천돼야 할 것이다. 한 사람의 언행이 전체의 특징인 것처럼 간주되지 않아야 하고, 개개인의 삶을 조명하며 역사를 더 넓은 시각에서 바라볼 수 있어야 한다. 이를 통해 여성들이 '여성의 특징'이라는 프레임으로 자신을 옥죄지 않고, 자신을 왜곡해서 바라보지 않게 될 것이다. 그리고 다양하게 조명된 위인들을 통해서 자신의 꿈을 키우고 도전할 수 있을 것이다. 가장 개인적인 것이 가장 역사적인 것이기에 이 책을 읽는 당신도 자신을 믿고 삶을 가꿔나가길 바란다. 당신 뒤에 올 여성들을 위해서.

열한 번째

이 시대 최고의 지성,
수전 손택

Susan Sontag

1933-2004

예술 평론가·작가·영화감독·사회운동가·철학가

'새로운 감수성의 사제', '뉴욕 지성계의 왕', '평론계의 거인'과 같은 화려한 수식어를 가졌던 여성이 있다. 20세기 최고의 지성인, 예술 평론가이자 작가 그리고 사회운동가였던 수전 손택(Susan Sontag)은 20세기 미국 문화의 중심에서 고급문화와 대중문화의 구별에 반기를 들며 화려한 명성을 얻었다. 뒤로 빗겨 넘긴 긴 흰머리와 어우러지는 검은 머리카락, 카리스마가 넘치는 눈빛을 지닌 그는 유대인이었기 때문에 어린 시절부터 난데없이 뒤통수를 때릴 손이 있다고 느꼈고, 여성이었기에 공적인 자리에서 '숙녀(Lady)' 작가라 불리곤 했으며, 또 레즈비언이었기에 비(非)주류에 속하기도 했다. 그는 쉽게 대상화되는 사회적 약자가 어떤 편견들에 맞서야 하는지 누구보다 잘 알 수밖에 없었다. 그래서인지 그의 글들에는 자유를 향한 욕망과 의지가 넘쳐난다.

수전은 일평생 '진실(Truth)'을 추구하며 거짓을 거부했는데, 그가 사는 동안 탐닉했던 진실은 무엇이고, 거짓은 무엇일까. 수전은 예술, 특히 문학에서 어떤 진실을 찾을 수 있을 것이라 믿었다. 그리고 훌륭한 문학은 통속적이거나 관습적이지 않으며, 풍부한 관점으로 사회와 삶의 진실을 투영한다고 생각했다. 사회에 만연한 편견으로부터 비롯되는 잘못된 예상과 기대는 개인에게 낙인으로 작용해 '스티그마 효과(Stigma Effect)'를 불러일으킨다. 이 이론은 1960년대, 경제학자 하워드 베커(Howard S. Becker)에 의해 언급됐으며 처음 범죄를 저지른 사람에게 범죄자라는 낙인을 찍으면 결국 스스로 범죄자로서의 정체성을 갖고 재범을 저지를 가능성이 높아진다는 것이다.

수전의 주장은 비슷한 듯 다르다. 하워드 베커가 부정적인 낙인에만 집중했다면, 수전은 편파적인 단면만을 확대해 그것이 진리인 양 규정하고 문제의 본질을 흐리는 모든 '편견'을 거짓이라고 칭하며 그것에 휩쓸리지 않아야 한다고 말했다. 물론 세상 어떤 것으로도 정체화되지 않는 사람은 존재하지 않는다. 성별, 국적, 직업, 나이 같은 기준은 모두 인물을 분류하는 표본이 되지만, 이에 뒤따라오는 이미지로 개인을 함부로 재단하는 일을 피하기란 쉽지 않다.

수전은 이런 사회를 신랄하게 비판하며, 그를 향한 잣대에 당당하게 맞서 싸웠다. 그는 이런 사회에 염증을 느끼면서도, 세상에 엄청난 관심을 가지는 모순적인 모습을 보여주며 누구보다 열정적으로 삶을 풍부하게 가꿔나갔다. 그는 뉴욕의 문화계와 사교계에 큰 획을 그은 대인이었지만, 면밀한 그의 문체처럼 빈틈없고 무뚝뚝한 성격을 지닌 사람이었다. 수전은 특출하게 비범했고, 성실했다. 1만 5,000권의 도서를 소장한 장서가이기도 한 그는 알코올 중독자인 모친을 닮지 않기 위해 평생 4시간의 수면을 규칙으로 삼을 정도로 철두철미한 자기계발 광(狂)이었고 '진지하고 열정적이며 스스로 깨어있자'는 원칙 속에서 수많은 평론을 남겼다.

부디 다 같이 슬퍼하자.
그러나 다 같이 바보가 되지는 말자.
역사를 조금이라도 알고 있다면
그동안 무슨 일이 벌어졌는지,
그다음에는 무슨 일이 벌어질지
이해하는 데 도움이 될 것이다.

_수전 손택

책 속으로 도망치다

수전은 1933년 미국 뉴욕에서 유대인인 양친 밑에서 태어났다. 그는 3살 때부터 글을 읽는 영재였다. 중국과 미국을 오가며 모피 사업가로 성공 가도를 달리고 있었던 부친은 그가 다섯 살 되던 해에 폐결핵으로 갑작스럽게 세상을 떠나고 만다. 어린 수전은 부친의 부고를 몇 달이 지난 후에야 알게 됐다. 천진난만해야 할 5살 어린아이는 부친의 죽음으로 인한 충격에 천식까지 앓았다. 엎친 데 덮친 격으로 집안 사정이 급격히 기울기 시작했다. 수전의 어머니는 육군 대위였던 네이선 손택과 재혼했고 이에 따라 수전은 계부의 성씨를 따르게 됐다. 그 후, 그는 가족들과 함께 뉴욕에서 플로리다로, 또다시 애리조나로 이사를 반복하며 혼란스러운 유년 시절을 보냈다. 수전은 이때의 경험이 다양한 사람들의 삶을 들여다볼 기회였다고 회상했다.

그래도 어린아이에게 급작스러운 부친의 부재와 정처 없는 떠돌이 생활은 받아들이기 힘든 현실이었을 것이다. 어린 수전은 쓸쓸하고 허무한 현실에서 도망치고 싶었다. 책을 읽을 때만 위안을 찾을 수 있었던 그는 닥치는 대로 책을 읽기 시작한다.

여섯 살 무렵, 수전은 퀴리 부인의 전기를 읽고 잠시 화학자의 꿈을 꾸기도

크게 특권적인 어린 시절을 보낸 것은 아니지만, 그래도 굶거나 동냥 그릇을 들고 길거리에 서있지는 않았으니 내 처지를 쉽게 비관해서는 안 된다.

하다가, 아픈 사람을 치료하는 일이 더욱 의미가 있을지도 모른다고 생각하기도 했다. 그는 하루에 한 권씩, 버지니아 울프, 셰익스피어, 빅토르 위고, 찰스 디킨스, 에드거 앨런 포 같은 고전문학 작가들의 작품들을 읽으며 다양한 삶을 탐색했다. 닥치는 대로 읽은 책들 덕분에 남다른 시야로 세상을 깊게 이해할 수 있었다. 어린 시절의 독서습관은 수전이 최고의 평론가로 향하는 길의 토대를 마련해줬다.

> 독서는 내게 여흥이고 휴식이고 위로고 내 작은 자살이며, 내가 모든 걸 잊고 떠날 수 있게 해주는 작은 우주선이다.

10대 초반부터 수많은 고전을 외우다시피 한 수전에게 학교 공부는 식은 죽 먹기였다. 15살이 되던 1948년에 UC 버클리에 입학해 일찍부터 대학 생활을 시작한 수전은 한 학기를 마치자마자 시카고 대학으로 편입해 문학, 역사, 철학을 전공하며 학업에 매진한다. 1950

> 문학은 나를 집어삼켰다. 내가 정말 원했던 건 다양한 삶을 살아보는 것이었고, 작가의 삶이 가장 포용적으로 보였다.

년, 17살의 수전은 그곳에서 만난 대학교 강사 필립 리프와 사귄 지 일주일 만에 속전속결로 결혼식을 올리고 1952년에 아들 데이빗을 낳았다. 사실 수전은 일찍이 자신이 이성애자가 아님을 깨달았지만, '자기 파괴를 향한 의지가 두려워' 결혼으로 도피한 것이었다. 결혼 생활은 참을 수 없는 형벌로 느껴졌다. 자신의 개성을 통째로 상실했다고 느꼈기 때문이다. 그는 평생 백여 권이 넘는 일기를 썼는데 1957년까지의 일기에는 숨

막히는 결혼생활 동안 느낀 절망감이 고스란히 녹아있다. 그는 "결혼을 발명한 사람이 누구든지 간에 그 사람은 천재적인 고문 기술자다. 나는 전쟁 같은 결혼 생활로 겁에 질리고 마비돼버렸다. 이러한 전투는 치명적이고 사람을 말려 죽이며, 날카롭고 고통스러운 연인들의 투쟁과는 정반대에 서있는 안티테제다"라고 쓰기도 했다.

'비정상'이라는 낙인이 두려워서 도망치듯 한 결혼이지만, 수전은 결혼제도에 대한 거부감으로 결혼생활을 더 이어나갈 수 없었다. 결국 하버드대 졸업과 함께 결혼생활에 종지부를 찍었다. 그에게 결혼이란 자신의 자아를 희생양으로 바치는 행위의 연속이었을 것이다. 지긋지긋한 결혼생활을 청산하고, 지적 허영심⁹⁰에 사로잡힌 수전은 1957년 9월 영국 유학길에 올라, 옥스퍼드 서머빌 칼리지에 입학한다. 그리고 그해 파리 여행에서 캘리포니아에 살 적에 만났던 H라는 여성과 재회했다. 그의 일기에 의하면 수전은 이혼 후 H라는 여성과 만남을 기폭제로, 자신의 성 정체성을 다시 한번 자각하게 되면서 혼란과 죄책감에 시달렸다고 한다. 수전은 밀려오는 수치심과 자괴감을 이길 수 없어 자신의 몸에 상처를 내며 자신을 혐오하는 지경까지 도달했다. 그래서 이때의 일기는 온통 해소되지 않는 욕망과 사랑의 열병에 관한 이야기로 가득하다. 절망감에 어쩔 줄 몰라 하는 그의 모습은 처연하기까지 하다.

그렇지만 수전의 사랑은 순탄치 못했다. 독단적이고 어리

숙한 수전의 성격 때문에 그의 사랑은 비극으로 마무리된다. 이로 인한 상실감에 허덕이던 수전은 문학은 물론 영화, 연극, 오페라, 음악과 회화 등 분야를 가리지 않고 비평과 감상을 남기며, 깊은 공허함을 채워갔다. 그는 삶이 괴로울수록 문학 활동에 열중했다. 이때의 경험으로 그는 수준 높은 취향과 감각을 갖춘 비평가로 거듭날 수 있었다. 그는 작가야말로 세상이 레즈비언인 자신에게 겨누는 무기에 맞설 정체성이 된다고 생각했다.

1959년 미국으로 돌아온 수전은 혼자서 아들을 키우며 일기를 쉴 틈 없이 써 내려갔다. '어떤 장애가 가로막든 인생을 다시 시작할 수 있다는 정신'을 붙잡고 싶었기 때문이다. 혼자 생계를 책임지는 가장으로서 고달픈 삶을 살았지만 타고난 야망을 차마 숨길 수 없었다. 그는 늘 갈증을 느꼈다.

읽어야 할 책도, 쓰고 싶은 글도 넘쳐났다. 컬럼비아 대학교에서 강의를 맡았으나 작가의 삶에 대한 강한 호기심 때문에 대학 강단에 오래 머물 수 없었다. 고민에 빠져 있을 때, 추운 겨울의 봄바람 같은 한 사람이 그에게 찾아온다. 그 여성은 뉴욕에서 극작가를 하고 있던 아이린 포네스. 그와의 만남 이후 수전의 삶은 송두리째 바뀐다. 수전과 아이린은 1963년까지 만남을 이어갔고 둘은 서로에게 영감을 주는 존재였다. 덕분에 수전은 그해 첫 소설《은인(The Benefactor)》을 썼다. 아이린 포네스와 만나

> 나는 글을 쓰고 싶다. 지적인 환경에서 살고 싶다. 음악을 많이 들을 수 있는 문화의 중심에서 살고 싶다. 이 모든 것과 그 이상을 원한다.

던 시절, 수전의 일기에는 H와의 실패한 관계를 성찰하고, 자신의 성격을 되돌아보며, 인간으로서 성숙해지는 과정을 갖게 됐다고 적혀있다. 사랑에 실패하고, 사회에 핍박받는 어려운 상황에서도 그는 절대 굽히거나 회피하지 않았다. 오히려 자신의 욕망에 솔직한 자세로 수많은 글을 써가며 자아를 오롯이 표현해나갔다.

해석은 지식인이 세계에 가하는 복수다

수전을 일약 스타로 도약하게 만든 기념비적 작품이 있다면 단연 베트남 전쟁이 한창이던 1966년에 발간된 《해석에 반대한다(Against Interpretation)》일 것이다. 이 책은 당시 저명한 예술 평론가나 지식인들에게 작품을 어려운 말로 포장하거나 아는 척하지 말라는 경고를 담고 있다. 수전은 《해석에 반대한다》에서 '예술작품에 깊이 숨어있는 의미를 찾아내는 일은 문학 자체를 고갈시키고 예술의 특수성에 가하는 폭력'이라는 파격적인 주장을 펼친다. 그는 예술에서 중요한 것은 투명성의 경험이라고 강조하며, 사물의 반짝임을 그 자체에서 경험하는 것을 통해 잃어버린 감성을 회복할 수 있기에 우리에게 필요한 것은 결국 해석학이 아닌 예술의 성애학(Erotics)이라고 말했다.

《해석을 반대한다》는 비평이기보다는 사례 연구에 더 가

깝기도 하다. 해석 행위란 전통적으로 답습돼온 진리나 도덕이 뒤섞인 것이기 때문이다. 그래서 그는 해석 자체가 아니라 이데올로기[91]적인 주류 해석에 반대했다. 수전의 주장은 오늘날에도 쉽게 적용해볼 수 있다. 학창 시절을 돌이켜보면, 우리는 문학 작품 속 단어의 함축적 의미를 외우고, '여성적 어조'나 '남성적 어조' 따위의 말로 글을 정의하는 교과서의 말을 따른다. 특히 한국의 상황에서는 수능이라는 목표를 위해 다양한 감상은 제쳐두고 획일화된 '주류의 해석'만을 주입받는다. 아무도 그 해석이 오염되지 않았다고 확신할 수 없다.

쉽게 말해 예술작품에 대한 비평이 오히려 예술작품의 원래 의도를 왜곡시킬 수 있으며, 예술작품을 이해하기 위해서 어려운 이론과 개념을 공부해야만 하는 상황 자체가 모순이라는 주장이다. 예술작품은 바로 앞에 있는데 그것에 들어있는 '진짜 의미'를 찾겠다고 다른 의미를 부여해 본질을 흐리는 행위는 다양한 문제들을 타자화하고 본인과는 별개인

> 궁극적으로 우리는 거짓되고 선동적인 해석들을 파괴해야만 한다. 나 자신에게 스스로 부과한 작가의 소명은 온갖 종류의 허위에 맞서 공격적이고 적대적인 관계를 유지하는 것이다.

것으로 치부해 중요한 문제로부터 벗어나려는 사람들의 태도와 닮아있다. 수전은 《해석에 반대한다》를 통해 이러한 태도를 경계하자고 일침을 가했다. 이것은 작품 해석에서만 '다르게 보기'를 강조하는 것이 아니라 살면서 겪어야 했던 온갖 편견과 왜곡에 대항하고자 했던 그의 가치관을 잘 나타낸다. 이 책은 있는

그대로의 모습을 봐달라는 그의 간곡한 호소가 아니었을까.

타인의 고통

수전은 평생 사진, 문화평론부터 문학까지 다양한 분야에서 활약했다. 그러나 무엇보다 현대 문명의 꽃으로 불리는 '사진 이미지'의 분석에 뛰어난 업적을 남겼다. 12살 때 서점에서 우연히 본 유대인 수용소 사진에서 커다란 충격을 받았던 그는 자극적인 이미지들이 인간들에게 끼치는 영향에 대해 세밀하게 추적해왔다. 그 결과물인《사진에 대하여》,《타인의 고통》은 복제되는 온갖 이미지들, 특히 폭력적인 이미지들이 인간의 감수성을 어떻게 파괴하는지를 성찰한 문명비평서다. 2003년 미국의 이라크 침공 직전 출간한《타인의 고통》에서는 전쟁의 고통을 스펙터클(Spectacle)[02]로 추상화하며 미화하는 현대 소비사회를 비판한다.

전쟁이 끝난 지금도, 우리는 미디어의 발달 덕분에 굶어죽어가는 아이들, 나라를 잃은 난민들, 참혹하게 살해당해 버려진 주검 등 타인의 고통을 마주할 기회가 셀 수 없이 많다. 다양한 매체를 통해 자극적이고 참혹한 이미지나 영상들이 하루가 멀다 하고 쏟아져 나오기 때문이다. 버지니아 울프[03]는《3기니(Three Guineas)》에서 교육받은 우리가 전쟁의 참혹한 사진을 보고도 '참사나 대량학살을 가져온 전쟁을 없애려 애쓰지 않는 것이야말로 도덕적 괴물의 반응'이라고 주장했다.

수전 역시 2차 세계대전, 이라크 전쟁 등 전쟁 상황을 담은 사진을 보고도 무서움, 잔혹함 같은 감정을 크게 느끼지 못하게 된 사회에 통탄함을 감출 수 없었다. 수전은 《타인의 고통》을 통해 사진의 본래 목적은 미화이며, 사람들은 사진의 '연민'이 아닌 '잔인함'에 끌리기 때문에 사진작가는 대중의 니즈에 맞춰 편파적이고 의도적인 연출을 더한 사진을 생산할 수밖에 없다고 분석했다. 또 시각적 매체로 대중을 깨우치려는 시도는 실패했으며, 이미 폭력적인 매체에 익숙해진 대중들에게 전쟁 사진을 살포해봤자 '자신은 안전하다'라는 안도감만 상기시킬 뿐이라고 말했다.

살면서 타인의 고통을 담은 사진이나 영상을 보지 않은 이는 아마 없을 것이다. 성능 좋은 카메라를 탑재한 스마트폰의 발전뿐만 아니라 페이스북이나 인스타그램, 유튜브 같은 소셜미디어도 한몫했다. 누구나 사진을 찍고 공유할 수 있는 사회에서 우리의 감수성은 점점 더 무뎌진다. 무엇보다 사람들이 이미지를 반복적으로 접하게 될수록 이미지에 대한 충격이 말초적이고 즉각적인 '반응'으로 전락하게 되면서 더 자극적인 이미지를 요구하게 된다는 점을 우려해야 할 것이다.

우리는 괴물이 아니라, 교육받은 계급의 일원이다. 우리가 겪은 실패는 상상력의 실패, 공감의 실패다. 우리는 고통스러운 현실을 마음 깊숙이 담아두는 데 실패했다.

수전은 우리가 멈춰야 할 것은 타인에 대한 연민(Sympathy)이며 되찾아야 할 것은 타인을 향한 공감(Empathy)임을 일깨운다. 연민이 내 삶에 지장이 없을 정도로만 남을 걱정하는 것이라면 공감은 내 삶을 던져 타인의 고통과 함께하는 삶의 태도이기 때문이다. 타인의 고통을 자신의 마음으로 느끼는 공감의 기술을 잃어버린 현대인은 드라마나 영화를 보면서 눈물을 쏟아내지만 정작 옆 사람의 고통에는 무감각해져 간다. 감수성이 무뎌졌다는 사실조차 자각하기 어려울 것이다. 그렇게 교육받았기 때문이다.

잔인하고 충격적인 이미지들에 중독된 우리가 이로 인한 공감의 부재에 어떻게 맞설 수 있을까? 선한 의도로 찍힌 사진들을 쉽게 마주칠 수 있는 사회 속에서 우리는 어떤 자세로 '타인의 고통'을 대해야 하는 걸까? 수전은 우리에게 참 난감한 질문들을 남겼다.

여러 분야를 한꺼번에 횡단하는 삶을 살았던 수전은 세상에 만연한 전쟁과 야만, 폭력과 빈곤, 차별과 테러리즘, 질병에 가슴 미어지는 고통과 슬픔을 느꼈다. 1960년대는 '미국의 격동기'라 불리며 현대 세계사에서 매우 중요한 전환점으로 꼽히는 시대다. 오늘날 미국에서 발생하는 전반적인 문화의 근원이 되는 시대이기 때문이다.

이때 아프리카계 미국인의 인권 운동과 여성해방운동, 히피 운동[94], 동성애 운동이 촉발돼 50년대 기성세대의 관례주의나 사회적 표준에 대항하는 계기가 됐다. 1960년, 수전은 냉전, 매카시즘, 청교도주의에 억눌린 미국 사회에서 미국의 베트남 전쟁 반대 운동에 적극 임하며 시류에 동참한다.

수전은 특유의 직설적인 화법으로 반대자들로부터 비판을 자주 받았다. 그 예로, 그는 '백인은 인류 역사의 암적인 존재'라고 했다가 비난에 휩싸였는데 "내가 말을 잘못한 것 같다. 내가 암 환자를 모독하는 말을 한 것 같다"라고 한술 더 뜨는 바람에 비판자들의 할 말을 잃게 했다. 그는 특히 국가주의[95]에 반대하는 목소리를 냈고, 마오쩌둥의 중국과 스탈린의 소련, 그리고 동유럽의 공산주의를 '인간의 얼굴을 한 파시즘'이라고 비난하기도 했다.

> 우리 아닌 다른 사람이나 우리의 문제 아닌 다른 문제에 감응할 능력이 없다면, 인간이란 도대체 어떤 존재이겠습니까?

죽음의 문턱에서

순탄할 것만 같았던 수전의 앞날에 큰 위기가 닥친다. 1974년, 갑작스럽게 유방암 4기 판정을 받은 것이다. 그는 부친이 결핵으로 사망했을 때 모친이 사망원인과 묘소를 오랫동안 숨겨온 이유를 유방암 판정을 받고 나서야 비로소 깨닫게 됐다. 그 당시 질병은 곧 '환자의 죄악'으로 여겨졌고, 질병과 투쟁하기도 바쁜 환자들은 '질병에 대한 수치심' 때문에 희망을 잃게 되는 경우가 허다했다. 겨우 40대 초반에 살날이 얼마 남지 않았다는 통보를 받은 수전은 질병을 '신의 심판'으로 간주하며 환자들의 질병은 잘못된 생활 습관 혹은 도덕적 결함에 대한 대가를 치르는 과정으로 여기는 사회에 크게 분노했다. 게다가 일부 정치가들은 어떤 '사회 문제'에 자신의 입장을 인상적으로 남기기 위해 질병에 관한 은유를 거리낌 없이 사용하며 너도나도 할 것 없이 선동에 나섰다. 사실 이러한 은유는 아주 흔하고, 딱히 미국에서만 유행했던 것이 아니다. 한국에서 뜨거운 논쟁으로 떠오른 "암 걸리겠다" 같은 은유들이 얼마나 넘쳐나는지 생각해볼 필요가 있다.

수전은 깊게 고민했다. "암 환자는 왜 암에 걸렸다는 이유만으로 차별받아야 하는가?" 왜 이런 가혹한 벌을 받아야만 하는지 생각할 필요가 전혀 없었다. 죄를 지어 암에 걸린 것이 아니고, 병은 그저 질병이며, 치료해야 할 그 무엇일 뿐이기 때문이다. 수전은 질병에 악의적으로 부여되는 이미지들을 거부하고자 질병에 관한 성찰적 사유를 기록하기 시작했다.

1978년, 수전은 《은유로서의 질병》을 출간한다. 그리고 약 3년 동안 수술과 치료 끝에 기적적으로 유방암을 극복했다. 마흔다섯, 죽음을 관통해 생의 한가운데 다시 선 수전은 긴 투병 끝에 자신의 삶이 여러 사람과 연결돼있다고 결론지었다.

그는 인권 운동가로 활동하기로 결심했다. 타인의 고통은 나와 무관하지 않다고 생각했기 때문이다. 1988년 미국 펜클럽 회장 자격으로 서울에서 열린 국제 펜 대회에 참가한 수전은 당시 민주화 운동으로 구속 중이던

> 우리는 질병을 은유적으로 생각하는 사고방식에 물들어서는 안 되며, 그런 사고방식에 저항해야 한다.

김남주, 이산하 시인의 석방을 촉구했다. 1989년에는 이란의 호메이니가 《악마의 시》를 출간한 살만 루슈디에게 사형선고를 내리자, 즉각 항의 성명을 발표했다. 보스니아 전쟁이 일어나고 있던 1993년에는 전쟁터인 사라예보로 가서 죽음의 공포에 맞서 겁에 질린 사라예보 사람들을 위해 연극 〈고도를 기다리며[96]〉를 공연한 것도 유명한 사례 중 하나다. 또한 9.11 세계무역센터 폭파 사건에 대한 미국 정부의 태도를 날카롭게 비판해 미국 내에서 격렬한 찬반 논쟁을 일으키기도 했으며, 이라크 전쟁 당시에는 사이비 전쟁을 위한 사이비 선전 포고를 그만두라고 미국 행정부를 공격하는 등 행동하는 지식인의 면모를 보여줬다.

전 세계 지식인들이 긴장하기 시작했다. 수전이 현실정치에도 적극 개입했기 때문이다. 당시 미국의 유명한 지식인들은 사회 문제를 언급하기 꺼렸다. 미국 사회 전체가 '하나의 여론'에 몰입해있었기 때문이다. 하지만 수전은 달랐다. 예술과 정치의 간극을 넘나드는 그의 불꽃같은 행동력은 다소 극단적인 발언들에도 불구하고, 광범위한 지지와 존경을 받기에 충분했다.

그러나 정작 본인은 좌파라는 명칭도, 페미니스트라는 호칭도 싫어했다.

2003년 10월 12일, 독일출판협회는 제55회 프랑크푸르트 국제도서전[97]에서 수전에게 평화상[98]을 수여했다. "거짓 이미지와 뒤틀린 진실로 둘러싸인 세계에서 사상의 자유를 굳건히 수호해왔다"는 것이 시상 이유였다. 수전은 문학을 "자유의 공간으로 들어갈 수 있는 여권"이라고 정의하며, 문학을 선택했기에 국가적 허영심, 속물근성, 강제적인 편협성, 어리석은 교육, 불완전한 운명, 불안이라는 감옥에서 벗어날 수 있었다고 다행스러워했다.

다만 죽음을 거부할 수는 없었다. 이듬해인 2004년 12월, 71살의 수전은 골수성 백혈병으로 세상을 떠났다. 투병의 경험을 작가의 사회적 책무로 확장시켰던 수전 손택은 병들어가는 사회를 치료하기 위해 문학의 역할이 중요하다고 믿었고, 자신의 신념을 마지막 순간까지 실천했다.

수전은 전염력이 강한 타인의 편견들에 비판 없이 끌려가지 않았다. 오히려 자신이 진정 원하는 것이 무엇인지 탐구했다. 끝내, 그 아래 간직된 욕망에 충실하며 자기 삶의 의연한 주인으로서 존재했다. 지배와 낙인을 거부하며 사회에 순응하지 않는 삶을 살았던 그의 굳센 신념은 영원토록 반짝일 것이다.

실제로 우울한 인간은 중독자가 되기 쉽다.
하지만 진정한 중독의 경험은 고독한 것이다.
일하기 위해서는 고독해야 한다.
가족관계처럼 자연스러운 것에도
얽매이지 않는 고독만이 일에 몰두할 자유를 얻는다.
우울한 사람은 자기가 인간성에 있어
부족하다는 것을 이미 알고 있는 사람들이며,
이 때문에 일에 완전히 집중하고 몰입할 수 있다.
명랑할 것, 감정에 휘둘리지 말 것, 차분할 것.
슬픔의 골짜기에 이르면 두 날개를 펼쳐라.

건축계의 전설,
자하 하디드

Zaha Hadid
1950-2016
건축가·디자이너·예술가

홀연히 나타나 세계관을 뒤집어놓은 캡틴 마블처럼 건축계에도 혜성같이 등장한 인물이 있었다. 바로 자하 하디드다. 독창적이고 실험적인 디자인으로 세계에서 가장 유명한 건축가가 된 그의 건축물은 세계 어디에서나 쉽게 만나볼 수 있다. 자연에서 많은 영감을 받음과 동시에 자연의 경계를 허무는 그의 건축물은 놀라움을 자아낸다. 그러나 그가 정상에 오르기까지의 과정은 절대 쉽지 않았다. 하디드는 아랍어로 '철'을 의미하는데 삶이 이름을 따라간다는 말처럼 그의 이름은 곧 그의 인생을 말해주고 있다. 그는 자신의 목표를 달성할 때까지 계속해서 나아갔다. 건축계의 진보를 이루고자 했던 야심과 단호한 성격을 가진 그에게 불가능이란 단어는 존재하지 않았다. 그는 여성 최초로 프리츠커[99]상을 수상하고, 영국 최고의 권위 있는 건축상인 스털링상[100]을 무려 두 번이나 수상했다. 세계가 그의 뚝심을 인정한 순간이었다.

목표가 변경될 수 있더라도 목표는 꼭 필요하다.
당신이 무엇을 원하는지 알아야 한다.

_자하 하디드

건축가를 꿈꾸다

자신의 직관과 본능을 신뢰하는 것은 중요하다. 비록 사람들이 이상하다고 하더라도.

자하 하디드는 1950년 10월 31일 이라크 바그다드에서 태어났다. 공교롭게도 그가 태어난 시기의 이라크 정부는 도시 건축 현대화에 투자를 결정한 참이었고, 그는 프랭크 로이드 라이트와 르코르뷔지에 같은 세계적인 건축가에 의해 자신이 살고 있는 세계가 완성돼가는 것을 생생하게 보며 자랐다. 사업가 겸 정치가였던 그의 부친 무함마드 하디드는 이러한 정부의 추진에 기여했고, 그의 모친 와지하 알 사분지는 예술가였기에 그에게 그림을 가르치며 자하가 예술적 감각을 키우는 데 도움이 됐다.

내가 프로가 되리라는 것을 의심하지 않았다.

높은 자의식과 자하의 굳건한 신념 역시 그의 양친에게 영향을 받았다. 그가 건축계가 아닌 다른 분야의 프로를 꿈꿨다면 우리는 건축가가 아니고 다른 직업을 가진 자하 하디드를 만났을지도 모른다. 자하 하디드는 부친의 정치 참여로 인해 어린 시절 대부분을 해외에서 보냈다. 무슬림 및 유대인 학생들과 함께 다녔던 가톨릭 학교를 시작으로 스위스와 영국에서 기숙학교를 다니며 그는 일찍부터 국제적 감각을 길렀다. 세계 각국에서 지내왔던 자하는 부친을 따라 각 도시를 방문할 때 필수로 들르는 코스가 있었다. 바로 도시의 랜드마크가 되는 중요한 건물과 박물관이었다. 이와 같은 경험들로 자하는 건축에 대한 넓은 식견을 갖출 수 있었고, 시야가 넓어질수록 건축과 깊은 사랑에 빠질 수밖에 없었다. 그는 건물뿐만 아니라 자연도 사랑했다. 그가 꼽은 가장 기억에 남는 순간은 세계에서 가장 오래된 문명 중 하나인 이라크 남부의 고대 수메르 지역을 여행할 때였다.

그는 그곳에서 본 자연과 건물, 그리고 사람들이 함께 어우러진 풍경에 매료됐고, 건축가가 되기로 결심했다. 그의 나이 11살의 일이었다. 그의 결심을 알게 된 양친은 그가 직접 집의 인테리어 디자인을 시도해보게 했다. 그는 자신의 방을 설계하면서 어떤 것을 좋아하는지 알게 됐는데 '곡선의 왕'이라는 수식어에 걸맞게 비대칭적 요소를 마음에 들어 했다. 자하의 집에 들르는 모든 이는 방에 대한 극찬을 아끼지 않았고, 이로 인해 그는 건축에 대한 뚜렷한 확신을 갖게 됐다.

> 그 풍경의 아름다움—모래, 물, 갈대, 조류, 건물, 그리고 사람들이 함께 흘러가는 풍경의 아름다움이 머릿속을 떠나지 않았다.

대학생활도 유럽에서 보낼 것이라 예상했던 것과는 달리 그는 중동으로 다시 돌아왔다. 레바논의 베이루트에 있는 아메리칸 대학교에서 수학을 공부하기 위해서였다. 왜 건축이 아닌 수학을 택했을까? 그는 수학을 일상의 일부라고 할 만큼 좋아했다. 얼마만큼이었냐 하면 펜과 종이로 그림을 그리는 것처럼 수학 문제를 가지고 놀았으며, 수학을 '스케치'에 비유할 정도였다. 수학을 택한 또 다른 이유는 당시 건축 분야가 남성들의 전유물이었기 때문에, 만약 자신이 건축학과에 진학한다면 유일한 여성으로 고군분투할 것이 뻔했기 때문이었다. 그럼에도 그의 건축에 관한 관심은 점점 더 커져만 갔다. 졸업 후 부친이 정치 생활을 마무리 짓게 되면서 고향을 떠나야 했고, 그는 건축학을 공부하기 위해 영국으로 이주했다. 그의 장대한 커리어를 알리는 서막이었다.

당시 진보적인 건축 사상의 중심지이자 영국에서 가장 오래된 건축 학교인 런던 건축협회 건축학교[101]에 등록한 자하는 렘 쿨하스, 엘리아 젱겔리스, 베르나르 추미 밑에서 건축가의 꿈을 키워나갔다. 그는 빠르게 훌륭한 학생으로 자리 잡았고, 모두 자하의 재능을 인정하며 칭찬을 아끼지 않았다. 엘리아 젱겔리스는 자신이 가르친 가장 뛰어난 학생이라고 평가했으며, 렘 쿨하스는 그가 자신의 궤도에 있는 행성이라고 말했다.

대학교 4학년이 된 해에 자하는 졸업 프로젝트를 준비했다. 카지미르 말레비치[102]에서 영감을 받아 만든 '말레비치의 텍토닉(Malevich's Tektonik)'이었는데, 이 작품은 그가 처음 변화를 시도한 설계로 건축계의 혁신을 불러일으켰다.

시대를 앞서간 디자인

자하 하디드의 뛰어난 재능을 알아본 렘 쿨하스와 엘리아 젱겔리스는 졸업 후 함께 일하기를 제안했고 네덜란드 로테르담의 메트로폴리탄 건축사무소, 일명 OMA[103]에서 그는 경력의 첫 단추를 끼운다. 자하는 그곳에서 일하면서 당시 유명했던 아일랜드의 건축가 피터 라이스[104]의 조언을 얻기도 하고, 헤이그에 있는 네덜란드 국회의사당 건물과 같은 유명한 프로젝트도 진행하며 다양한 실무 경험을 쌓았다. 그가 일하는 스타일은 평면도, 입면도, 단면도 대신 상세하고 전문적인 스케치를 통해 이야기하는 방식이었는데 이는 건축 도면의 전통적인 시스템이 아닌 새로운 표현 수단을 찾다가 발견한 방식이었다. 틀에 갇힌 정형화된 방법을 벗어나 자신만의 돌파구를 만든 것이다. 남들과는 다른 시작일지라도 그는 자신이 있었다.

OMA는 세계적인 건축 사무소였으나 그는 여전히 성취에 목말랐다. 온전히 자신만의 작품을 만들고 싶어 했던 그는 결국 영국 런던으로 돌아와 1980년 건축 사무소 Zaha Hadid Architects(ZHA)를 설립한다. 그는 설계뿐만 아니라 가르치는 일에도 탁월해 자신이 졸업한 건축협회 이외에도 수년에 걸쳐 하버드 대학교, 예일 대학교 등 명성 있는 대학에서 교수로 역임하며 세계의 학생들에게 건축을 가르쳤다. 바쁜 와중에도 그가 학생들을 가르쳤던 것은 학생들의 잠재력을 표출시켜 자신들이 상상했던 것보다 더 큰 꿈을 달성할 수 있다는 사실을 보여주는 것이 그의 일이라 여겼기 때문이다. 자하는 자신이 건축을 가르치기보다

360도가 있는데 왜 하나에만 집착하는 겁니까?

동기부여를 줄 뿐이라며 담담한 태도를 보였지만, 그의 강의를 듣는 학생들의 호응은 열화와도 같았다.

자하 하디드의 삶은 쉴 틈 없이 바빴다. 낮에는 학생들을 가르치고, 밤에는 설계 일을 하는 일상이 반복됐다. 그리고 1982년, 그간의 노력에 보답받듯, 홍콩의 산 중간에 있는 레저 센터인 'The Peak'을 설계하는 국제현상설계 공모전에서 우승한다. 그만의 뚜렷한 스타일은 건축가로서 주목을 받았으나 이 설계는 결국 실제로 지어지지 못했고 그 이후로 이처럼 당선된 몇 개의 디자인도 실현되지 못했다. 그중에서도 카디프 베이 오페라 하우스는 건축계의 이슈를 일으켰는데 그의 작품이 우승 후보로 선정이 됐으나 비용상의 이유로 프로젝트가 취소됐기 때문이다. 심지어 즐거워야 할 크리스마스 3일 전에 거절당했다고 하니 정신적으로 힘들어하던 직원들의 사기를 다시 높이는 것에 자하는 큰 책임을 느꼈다. 그와 함께 일했던 동료가 자하를 평가하길, "당신에게 소리를 지르다가도 당신이 아프거나 속상할 때 당신을 도울 첫 번째 사람"이라고 말하는 걸 보면 그가 얼마나 직원들을 아꼈는지 알 수 있다.

물론 프로젝트 취소 통보에 대한 충격도 컸다. 일밖에 몰랐던 그가 사업을 접을 정도였다. 그가 카디프에 있었을 당시도 굉장히 모호한 상황이었다. 그 장소에 있던 사람 중 단 한 명도 그에게 말을 걸지 않고 곁눈질로 보거나 혹은 그의 뒷모습만 봤을 뿐이었다. 그는 사람들이 자신의 건축물에 시큰둥한 이유가 자신이 외국인이고, 여자이며, 건물이 특이하기 때문이라고 생각했다.

영국은 그의 두 번째 고향과도 같은 곳이었다. 그는 영국에서 프로젝트를 많이 해보지 못한 이유 중 하나가 카디프 베이 오페라 하우스 프로젝트의 실패라고 생각했다. 이 실

> 그들은 내가 강한 여자라고 생각하는데 그 생각을 못 견뎌 하는 것 같다. 왜 그러는지 모르겠다.

패가 어떤 낙인이 됐다고 느낀 것이다. 찬사를 받는 그의 디자인이 몇 년 동안 단 한 번의 커미션도 받지 못했다는 사실은 지금 생각해도 믿기 어렵다. 자하는 이것을 자신의 경력에서 겪었던 무례한 사건 중 하나이며 인생에서 좌절감을 느꼈던 시기였으나 자신을 더 강하게 만들었다고 밝혔다.

자하가 설계를 위해 그린 그림들은 작품만큼이나 훌륭했기에 건축 잡지에 실리거나 갤러리에 전시됐다. 처음 국제적인 명성을 얻게 된 것도 1988년 미국 뉴욕 현대미술관(MOMA)에서 열린 '해체주의 건축' 전시회였다. 이 전시회를 통해 사람들에게 이름을 알릴 수 있었지만, 마냥 좋은 것만은 아니었다. 그에 대해 '페이퍼 아키텍트' 즉, '종이 건축가'라는 조롱이 일었기 때문이다. '페이퍼 아키텍트'란 도면 위에 그림만 존재하고 실제로는 땅 위에 지어지는 건물이 없는 설계가를 말한다. 자하가 페이퍼 아키텍트로 불린 것은 그의 디자인이 스케치 단계를 넘어 실제로 구축하기에는 어렵다는 이유에서였다. 일부 건축가들은 설계를 변경하거나 시공법을 조정해 계약을 진행하는

데, 자하는 자신의 설계를 바꾸지 않았다.

저는 타협이라는 단어를 좋아하지 않습니다.

'타협'이란 대립하는 의견이나 주장을 서로 양보해 맞추는 것을 말한다. 왜 그는 타협하지 않았을까. 그는 스스로에 대한 자부심이 있었고, 설계를 변경하는 것이 프로젝트를 약화시킨다고 생각했다. 그의 고집은 나름의 이유가 있었다. 자하는 자신의 설계에 있어 뚜렷한 확신과 자신감을 보여줬지만, 당시의 시공사들은 처음 보는 낯선 설계로 건물을 짓는 것에 부담을 느꼈다. 그가 요즘 같은 시대에 태어났더라면 좀 더 빠른 전성기를 맞았을 텐데 하는 아쉬움이 드는 건 어쩔 수 없다. 바로 코앞만을 봤던 당시의 건축계 또한 건축물 없는 건축가라며 그를 외면했으나, 그는 개의치 않고 더 나은 디자인, 건축과 다양한 재료와의 융합을 위해 더 넓은 분야를 탐구하는 데에 힘을 쏟았다.

건축계의 거장으로

1994년, 마침내 그의 나이 43세, 설계사무소를 설립한 지 13년 만에 첫 건물을 세웠다. 독일의 바일 암 라인의 '비트라 소방서'가 바로 그 건물이다. 이 프로젝트는 유명한 브랜드 가구 업체인 비트라105 공장의 화재로 인해 탄생했다. 번개에 의한 대규모 화재로 공장의 시설 대부분이 불에 타게 되자, 비트라 회장 롤프 펠바움은 위기를 기회로 이용해 단순한 공장이 아닌 색다른 공간으로 탈바꿈하고자 했다. 그러기 위해 프랭크 게리, 안도 다다오 등과 같은 세계적인 건축가들이 공장 내의 다양한 건물들을 설계하는 프로젝트를 기획했다. 내로라하는 건축가들과 함께 자하는 세계에서 가장 유명한 소방서를 설계했다. 처음부터 그가 소방서를 맡게 된 건 아니었다. 원래 펠바움 회장은 그에게 의자 디자인을 의뢰했으나 그는 건물을 설계하고 싶다고 말했다. 다행히 설득에 성공한 그는 건물에 소방서의 특성을 담아내기 위해 많은 노력을 기울였고, 소방서는 비행 중인 새의 날개를 형상화해 날카로운 각도와 뾰족함을 가진 역동적인 건물로 만들어졌다. 현재는 전시 공간으로 이용되고 있다는 이 건축물은 지어질 당시 화제를 모았다.

2013년에는 세계적인 브랜드 스와로브스키(Swarovski)가 비트라 소방서 건축 20주년을 맞이해 자하에게 새로운 설치물을 의뢰하기도 했다. 20년 만에 다시 비트라 소방서를 방문하게 돼 감회가 새로웠던 그는 이전의 실적도 보지 않고 대중적 성공도 확신하지 않은 채 자신을 믿어준 롤프 펠바움 회장에게 감사를 전했으며, 자하의 무한한 잠재력을 단번에 알아본 회장 또한 비트라 소방서를 현대 건축의 걸작으로 탈바꿈시킬 수 있었던 건축가는 그밖에 없었을 거라며 극찬으로 회답했다. 비트라 소방서 이후 그가 진행하는 프

> 비트라 소방서는 나의 첫 건축물이자 고객들을 대하는 법을 가르쳐준 건축물이기에 특별한 애착을 두고 있다.

로젝트들은 점점 더 늘어났고 그는 예정된 성공을 거머쥐었다.

2000년대부터는 자하 하디드의 시대라고 해도 무방하다. 3D 컴퓨터의 등장으로 비현실적이라고 비판받았던 설계가 실현 가능한 시대에 도달했기 때문이다. 1998년, 자하는 '로이스&리처드 로젠탈 현대 미술관' 커미션을 따냈다. 흥미로운 점은 공모에 참여한 사람 중에 그의 스승이자 동료였던 렘 쿨하스도 있었다는 것이다. 이 미술관은 미국 최초의 현대 미술 기관 중 하나이기도 했고, 유명한 예술가들의 작품이 전시돼온 공간이었기 때문에 사람들은 이 새로운 건물이 이제까지 그가 건축한 건물들의 위상을 이어나가길 기대했다.

2003년 개관한 미술관은 '도시의 카펫(Urban Carpet)'이라는 콘셉트로 다양한 조명을 활용해 공간을 배치했고, 도시의 전망을 즐기며 전시장으로 이동하도록 동선을 설계해 관람객들의 시선을 사로잡았다. 자하를 단숨에 스타의 자리로 올려다 준 이 건축물은 그가 미국에서 처음으로 진행한 프로젝트이자 미국에서 여성이 디자인한 최초의 미술관으로 여러모로 의미가 있는 공간이다. 그가 아니었다면 대체 누가 이 건물을 설계했을지 상상조차 할 수 없다. 아마 모두 같은 마음이었는지 〈뉴욕타임스〉의 평론가는 "냉전 이후 미국의 가장 중요한 건물"이라는 어록을 남겼고, 미술관 측에서도 그의 작품은 마법 같다고 말했다.

세상으로부터 완전한 인정을 받다

그다음 해인 2004년, 자하는 여성 최초로 프리츠커상을 수상해 건축계 여성 서사의 시작을 알린다. 심사위원 중 한 명은 "자하 하디드는 우리가 공간을 보고 경험하는 방식을 변화시켰다"라고 말하며 그의 영향력을 증명하기도 했다. 건축계의 거장으로 거듭난 그에 대한 확신을 다시 한번 심어준 계기가 바로 이 프리츠커상이다. 현재까지도 이 상을 단독으로 수상한 여성은 자하가 유일하다.

비평가들은 종종 내 디자인이 너무 이론적이어서 실행에 옮기지 못한다고 말한다. 그래서 나는 내 디자인이 실제 건물이 되는 것을 볼 때마다 짜릿하다.

카디프베이 오페라 하우스 프로젝트 이후 그가 느낀 해방감은 이 문장에서 느낄 수 있다. 프리츠커상은 그가 건축에 더 몰입할 수 있도록 만들었고, 2010년과 2011년에 그는 영국 왕립 건축가 협회가 주관하는 스털링상을 2년 연속으로 수상하며 또 한 번의 역사를 쓴다. 첫 번째 스털링상을 받은 로마의 MAXXI는 이탈리아어로 Museo nazionale delle Arti del XXI secolo, 즉 국립 21세기 미술관이란 뜻의 약자로, 로마 플라미뇨 지구에 위치해 현대 건축의 아름다움을 뽐내고 있다. 자하의 설계는 273개의 디자인 가운데 당선된 것으로 곡선

30년 전 건축을 시작했을 때, 내 생각이 주류사회에서 통할 수 있다고 생각지 못했다. 프리츠커상을 수상하면서 마침내 세상으로부터 완전한 인정을 받았다.

과 직선, 비대칭 등 그만의 특징을 담아 한 대상물로서의 미술관이라는 관념에서 벗어나, 건물들의 마당이라는 개념을 도입했다. 영국 일간지인 〈가디언〉은 'MAXXI는 준공된 작품 중 자하의 가장 훌륭한 최신 작품이자 로마의 고대 유산들과 어깨를 견줄 수 있는 걸작'이라고 평했다. 자하는 건축물의 가치뿐만 아니라 로마에서 공공건물을 디자인한 최초의 여성이라는 타이틀로 함께 관심을 받았는데 한 인터뷰에서 그에 대한 기분이 어떠냐는 질문을 받자 이렇게 답했다.

모른다.
나는 항상 여자였다.
나는 매일 내가
여성이라고
상기시키며
살지 않는다.

다음 해에 상을 받은 건축물은 영국의 에블린 그레이스 아카데미로 스털링상을 수상한 최초의 학교 건물이자 자하가 런던에서 수행한 첫 번째 프로젝트였다. 바쁜 와중에도 일과 동시에 교수직을 겸해온 그는 교육과 배움이 매우 중요하다고 여겼고, 학생들에게 깊은 영향을 미치는 건축의 첫 예시가 학교 자체라 생각하며 더욱 고심해 설계했다. 그의 노력이 느껴졌는지 학교의 모든 학생과 교직원들로부터 호평을 받았다.

여기까지 자하 하디드의 이야기를 읽어왔다면 문득 그가 지은 건물이 궁금해질 것이다. 세상이 그에게 붙인 수식어 중에서도 가장 많이 볼 수 있는 것은 '독창적', '실험적', '미래지향적'이라는 단어들이고, '곡선의 왕'(King of the curve)이라고 지칭할 만큼 건축물에는 곡선이 아닌 선을 찾아보기가 힘들다.

세계가 열광하는 그의 작품은 생각보다 가까운 곳에 있다. 동대문의 중심, 서울의 랜드마크 중 하나인 동대문 디자인 플라자 (DDP)가 바로 그것이다. 쉴 새 없이 변화하는 동대문의 역동성에 주목한 자하는 수많은 인파와 빼곡한 마천루 사이에서 살아 숨 쉬는 곡선 형태의 DDP를 설계했다.

지금은 서울의 디자인과 창조산업을 상징하는 공간으로 여겨지지만, DDP의 조감도가 처음 공개됐을 당시에는 비난이 쇄도했다. 건물을 짓는 데 사용될 천문학적인 비용, 한국의 전통과 역사를 무시한 디자인, 주변 풍경과 조화되지 않는다는 것이 주된 이유였다. 건축에서의 설계는 대상지 조사와 분석이 꼭 필요한 사전단계. 하물며 세계 최고 건축가가 한 도시의 랜드마크가 될 건축물을 단편적인 생각으로 지었을 리는 없다. 그는 한국적인 동시에 미래지향적인 디자인의 조화를 누구보다 중요하게 생각했고, 한옥은 수천 년 전의 혁신적인 기술이라며 이를 DDP에 비유해 말하기도 했다.

'외국인이라서 잘 모를 것이다'라며 그를 재단하고 그의 노력을 폄하하는 것이 바로 차별 혹은 편견은 아닌지 다시 한번 생각해볼 필요가 있다. 건축계에 발을 디뎠던 순간부터 구설과 논란 속에서 살아온 자하는 여태껏 자신의 프로젝트에 늘 찬사와 논란이 공존했음을 알고 있기에 DDP 프로젝트가 성공적으로 완료될 것이라 확신했고 이는 개관 후 현실로 나타났다. 많은 이들의 우려가 무색하게 연간 800만 명 이상이 찾는 명소가

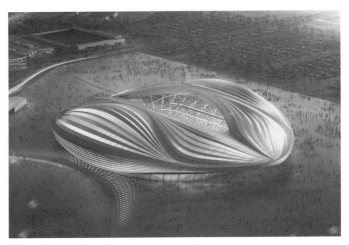

알 와크라 스타디움 조감도

돼 랜드마크로서의 위엄을 톡톡히 보여준 것이다. 빠르게 논란
을 잠재운 DDP에서는 현재 그가 설계한 대로 연례행사인 서울
패션위크가 열리고, 세계 각국을 거쳐 온 유명한 전시들과 세계
패션 브랜드의 전시 그리고 다양한 문화 콘텐츠의 팝업스토어
가 줄을 이으며 사람들의 발걸음이 끊이지 않고 있다.

　　시간이 지나고서야 그가 여성이었기에 더 쉽게 비난받았
다는 사실을 알게 됐고, 불필요한 손가락질을 받은 그에 대해
안타까움이 밀려왔다. 논란이 된 자하의 프로젝트는 DDP 프로
젝트뿐만이 아니다. 2022년 국제축구연맹(FIFA) 월드컵을 개
최하기 위해 설계한 알 와크라 스타디움의 조감도를 공개했을

당시, 충격적인 논란이 일었다. 이 경기장은 아랍의 전통 배인 다우(Dhow)[106]의 선체를 연상시키는 형태로, 가운데 구멍이 난 곡선형 지붕은 다우의 돛을 표현했는데 그 모양이 '여성 생식기'를 닮았다는 지적을 받았다.

그는 매우 분노하며 남성 건축가였다면 이런 논란은 없었을 거라고 성차별을 주장했다. 여닫을 수 있는 지붕과 냉방 시스템, 시야에 방해물이 없도록 기둥을 제거한 훌륭한 설계를 했음에도 그가 이런 수모를 겪었다는 것에 마음이 아리다. 그러나 곧 이런 논란은 말끔히 사라지고 카타르의 핵심적인 랜드마크로 자리하게 되리란 걸 믿어 의심치 않는다. 그의 많은 프로젝트가 그랬듯이.

그들이 이런 생각을 한다는 것은 정말 창피한 일이다. 자신들이 뭐라고 하는지 알고는 있는가? 구멍이 뚫린 모든 것이 여성의 생식기인가? 말도 안 되는 소리다.

그리고 그가 남기고 간 것들

자하 하디드는 건축가이자 디자이너이기도 했다. 두 가지 분야를 겸했다고 해서 흐지부지하게 임한 것도 아니었다. 하나를 알면 열을 꿰뚫어온 그의 디자인 세계 또한 훌륭한 평가를 받았다. 꼬여있는 의자의 팔걸이, 타원형으로 상단을 지탱하는 의자, 깊은 구멍이 뚫린 테이블 등의 생소한 디자인과

탄소 섬유, 대리석, 스테인리스 스틸 등 가구에서는 자주 볼 수 없었던 소재를 사용해 개척자다운 면모를 보여줬다. 그는 신발에도 관심을 둬 종종 신발 디자인에 몰두하기도 했는데 초현대적인 신발 브랜드 유나이티드 누드(United Nude)나 아디다스와 협업해 금속 소재의 작품처럼 보이는 지그재그 형태의 구두와 함께 앞코에 파라메트릭(Parametric) 곡선을 새긴 운동화를 만들었다.

건축은
그 공간에 자신을
두는 방법이다.
패션은
그 대상을 어떻게
배치하느냐에
관한 것이다.

이뿐만이 아니라 루이비통과 불가리 같은 세계적인 브랜드가 콜라보를 요청할 만큼 신발, 핸드백, 주얼리 등 모든 패션 디자인 분야에서 그의 디자인을 좋아했다. 눈에 띄는 건물을 만드는 건축가답게 여러 예술 분야에서도 두각을 나타낸 그는 샤넬과 협업해 천재 디자이너라는 수식어를 얻었다. 2008년, 샤넬 측에서는 전 세계를 순회하며 샤넬을 전시하는 모바일 아트(Mobile Art)전을 기획했고, 1955년 코코 샤넬이 발표했던 퀼팅백으로부터 영감을 얻은 아티스트들의 작품을 담을 공간이 필요했다. 그 당시 샤넬의 수석 남디자이너였던 칼 라거펠트는 세계적인 건축가로 이름을 날리고 있던 자하에게 이동식 건축물인 파빌리온 설계를 요청했다. 완성된 건물은 나선형 모양으로 중앙은 반투명한 벽과 천장으로 이뤄져 내부에서 바깥을 경험할 수 있는 독특한 구조로 만들었다. 전시는 홍콩과 도쿄, 뉴욕, 그리고 파리를 끝으로 성공적으로 마쳤고, 파빌리온 또한 긍정적인 반응을 얻었다. 전시 이후에는 그 건축물을 영구 보존하기 위해 파리 중심부에 있는 아랍 세계 연구소 앞에 설치했고, 여전히 많은 사람이 방문하고 있다.

이렇게 다채로운 업적을 남겨온 그였지만 세상은 그를 어떤 프레임에 가두고 싶어 했다. 여자들에게 성별을 특정하는 수식어를 붙이는 현상은 아주 쉽게 볼 수 있다. 이는 여성이라는 것이 유별난 특징이라도 한 것처럼 그 사람을 함부로 추측하고 재단하도록 만드는 데 일조한다. 우리가 숱하게 들어온 'ㅇㅇ 여', '김 여사', '여대생' 등으로 짐작할 수 있을 것이다. 당시 명성 있는 건축가 중 유일한 여성이었던 자하도 피해갈 수는 없었다.

'곡선의 여왕', '디바', '여성 건축가'. 그는 이 수식어들을 좋아하지 않았고 그에 대한 자신의 생각을 당당하게 말했다. "나는 '여성 건축가'라고 불리는 것을 좋아하지 않는다. 나는 여성 건축가가 아니라 건축가다." 그러자 몇몇 사람들은 그를 거만하고 고집이 세고 드센 사람이라며 비난했고, 한 인터뷰에서 당신이 무서운 사람이라는 걸 알고 있냐는 질문을 받은 적도 있었다. 반면에 실제로 그의 주변 사람들은 그를 낙천적이고 유머러스하며 유쾌한 사람으로 묘사했다. 그의 동료는 그가 가족과 마찬가지라고 말하기도 했다.

미디어에서 말하는 모습과 실제의 그는 괴리감이 느껴질 정도로 달랐기에 그동안 알지 못했던 좀 더 많은 그의 이야기가 궁금했다. 그러나 그는 애석하게도 2016년, 심장마비로 우리

국립 21세기 미술관(Zaha Hadid Architects 홈페이지)

내가 남자였다면,
여전히 나를 디바라고
부를 수 있을까?

곁을 갑작스럽게 떠났다. 그는 더 이상 같은 세상에 존재하지 않지만, 여전히 세계 곳곳에서는 자하의 예술혼이 담긴 건축물들이 지어지고 있다. 그가 세상에 선물한 작품들은 미처 못 다한 그의 이야기를 전해주고, 그가 남긴 말들은 우리의 가슴에 남아 절절히 전해질 것이다.

참고 문헌

아르테미시아 젠틸레스키

Alexandra Lapierre(1998),《Artemisia: The Story of a Battle for Greatness》

Broad Strokes(2017),《Broad Strokes: 15 Women Who Made Art and Made History》

에멀린 팽크허스트

박정애(2016),《서프러제트》, 우리교육, 118-129

에멀린 팽크허스트(2016),《싸우는 여자가 이긴다》, 현실문화연구

이서영(2016),《여성 투표권을 쟁취한 팽크허스트 집안 여자들》, 세계와나

예카테리나 대제

한정숙(2005),〈러시아 제국의 두 학술원을 이끈 여성총재〉, 서울대학교

"Catherine II – Movies, Accomplishments & TV Show – Biography", Biograpy, 2019.10.24., https://www.biography.com/royalty/catherine-ii

바이하이진(2013),《여왕의 시대(김문주 옮김)》, 미래의창

최영숙

우미영(2006),〈신여성 최영숙론-여성의 삶과 재현의 거리-〉, 민족문화연구

이효진(2018),〈신여성 최영숙의 삶과 기록 : 스웨덴 유학 시절의 신화와 루머, 그리고 진실에 대한 실증적 검증〉, 아시아여성연구

최영숙(2018),《네 사랑 받기를 허락하지 않는다》, 가갸날

EBS 역사채널ⓒ(2013),《역사 e5 : 세상을 깨우는 시대의 기록》, 북하우스

아멜리아 에어하트

오영석(2017),《Who? 아멜리아 에어하트》, 다산어린이

Kate Boehm Jerome(2002),《Who Was Amelia Earhart?》

에이다 러브레이스

박승수(1995), [기획연재]컴퓨터 과학 산책(3): 바베지와 에이다, 정보과학회지

시드니 파두아(2017),《에이다, 당신이군요. 최초의 프로그래머(홍승효 옮김)》, 곰출판

"Ada Lovelace – Life, Facts& Computer Program – Biography", Biograpy, 2020.02.24.수정, https://www.biography.com/scholar/ada-lovelace

플로렌스 나이팅게일

김분한(2015), 《간호이론》, 포널스출판사

Catherine Reef(2016), 《Florence Nightingale: The Courageous Life of the Legendary Nurse》, Houghton Mifflin Harcourt

Judith Lissauer Cromwell(2013), 《Florence Nightingale, Feminist》, McFarland.

헤디 라머

알렉산드라 딘(2017), 밤쉘 [Film], Reframed Pictures

"Hedy Lamarr – Inventions, Movie & Spouses – Biography", Biograpy, 2020.02.24.수정, https://www.biography.com/actor/hedy-lamarr

그레이스 호퍼

Christy Marx(2004), 《Grace Hopper: The First Woman to Program the First Computer in the United States》, The Rosen Publishing Group

Kathleen Williams(2012), 《Grace Hopper: Admiral of the Cyber Sea》, Naval Institute Press

Kurt Beyer(2012), 《Grace Hopper and the Invention of the Information Age》, Mit Press

김점동

윤선자(2014), 〈한말 박에스더의 미국 유학과 의료 활동〉, 여성과 역사

주양자, 남경애, 류창욱, 김신명숙, 홍예원(2012), 〈우리나라 근현대여성사에서 여의사의 활동과 사회적 위상〉, 대한의사협회 의료정책연구소 연구보고서

최혜정(2014), 《큰 별 되어 조선을 비추다》, 초이스북

수전 손택

Susan Sontag(1966), 《Against Interpretation》

Susan Sontag(1978), 《Illness as Metaphor》

Susan Sontag(2003), 《Regarding the Pain of Others》

Susan Sontag(2009), 《Reborn: Journals and Notebooks, 1947–1963》

자하 하디드

지넷 윈터(2017), 《세상은 네모가 아니에요》, 씨드북

〈Female Architects on the Significance of Zaha Hadid〉, The New York Times, 2016.4.1.

〈I don't do nice〉, The Guardian, 2006.10.9.

Maria Isabel Sanchez Vegara(2019), 《Zaha Hadid. Frances Lincoln Children's Books》

〈Zaha Hadid: queen of the curve〉, The Guardian, 2013.9.8.

〈Zaha Hadid's sport stadiums: 'Too big, too expensive, too much like a vagina'〉, The Guardian, 2013.9.28.

1 나혜석(羅蕙錫, 1896-1948), 일제 강점기와 대한민국의 화가이자 작가, 시인, 조각가, 여성운동가, 사회운동가, 언론인

2 프리다 칼로 데 리베라(Frida Kahlo de Rivera, 1907-1954), 여성의 자유를 외쳤던 멕시코 출신의 초현실주의 화가

3 14세기부터 16세기 사이 일어난 문예 부흥 또는 문화 혁신 운동으로 과학 혁명의 토대가 만들어져 중세를 근세와 이어주는 시기

4 르네상스 시대 이탈리아의 조각가, 건축가, 화가, 시인. 대표작으로 〈천지창조〉가 있다

5 르네상스 시대 이탈리아의 화가. 대표작으로 〈아테네 학당〉이 있다

6 미국의 미술사학자로, 뉴욕대학교의 Institute of Fine Arts 명예교수이자 작가. 저명한 페미니즘 미술사학자로, 1971년에 저술한 〈왜 위대한 여성 미술가들이 존재하지 않았는가?〉라는 글을 통해 널리 알려짐

7 강한 명암의 대비를 바탕으로 인간의 격정을 사실적으로 표현했던 화가로 17세기 이탈리아의 바로크 미술에 결정적인 영향을 끼쳤다

8 석고로 만든 석회벽의 건조가 채 되지 않은 덜 마른 벽면에 수용성 물감으로 채화하는 기법으로 르네상스와 바로크 시대에 유행

9 죄수의 손이나 발을 구속하는 족쇄

10 예술가 후원의 대명사로 불리며, 15세기 르네상스의 사상, 예술, 과학을 폭넓게 후원했던 이탈리아 피렌체의 한 가문

11 그리스어로 정화(淨化)를 의미하며, 예술 작품을 창작하거나 감상함으로써 마음속에 솟아오른 슬픔이나 공포의 기분을 토해내고 마음을 정화하는 것

12 19세기 중반 일어난 차티스트 운동의 영향으로 1884년 남성 소작인과 남성 농업 노동자에까지 선거권이 확대됐고, 이는 서프러제트 운동의 기폭제 역할을 했다

13 서프러지스트(Suffragist)를 옮긴 내용으로, 이들은 서프러제트(Suffragette)보다 온건한 방식의 여성참정권 운동을 했다고 여겨짐

14 운이 좋게도 에멀린이 공부한 파리의 교육기관 에콜 노르말 쉬페리외르는 여자아이들에게 집을 가꾸기 위한 자수와 같은 기술뿐 아니라 화학과 경제도 가르쳤다

15 에멀린의 남편인 리처드 팽크허스트는 《여성의 종속(1869)》을 쓴 존 스튜어트 밀과 함께 '여성 참정권 법안'을 의뢰에 상정한 인물로, 영국 독립 노동당(the Independent Labour Party, ILP)의 주요 인물이었다

16 여성사회정치연맹(Women's Social and Political Union, WSPU)

17 정부는 서프러제트들을 계급으로 분열하려고 끊임없이 시도했다

18 그리스 신화에 나오는 전설상의 여성 부족

19 에멀린을 비롯한 서프러제트들은 좋은 옷을 사 입고 멀끔하게 다니며 자신들에 대한 편견에 맞서고자 했고, 그들이 옷을 잘 입는다는 소문이 나면서 서프러제트에 동참하는 여성의 수가 늘어났다

20 단체 설립 초기 WSPU는 노동계급 여성들을 위주로 해 창립됐으나, 이후 조직의 영향력 및 재력을 더해줄 중상류층으로 치우치게 된다

21 참정권이라는 뜻의 Suffrage와 작다는 뜻의 ette를 더해 Suffragette라는 단어가 만들어졌다

22 서프러제트들을 폭력적이고 강제적으로 구속한 경찰과 정부를 의미한다

23 그는 마리온 월러스-던롭(Marion Wallace Dunlop)으로, 1909년 하원의회 벽에 권리장전을 발췌해 적은 후 재물손괴죄로 구속됐다

24 서프러제트는 창문 깨기 말고도 방화, 우체통 파손, 명화 훼손 등 다양한 게릴라 전술을 사용했다

25 여성사회정치서프러제트연맹(the Suffragettes of the Women's Social and Political Union, SWSPU)과 독립여성사회정치연맹(the Independent Women's Social and Political Union, IWSPU)을 말하며, 이들은 전쟁 동안에도 여성 참정권에 대한 투쟁에 집중했다

26 벨리카야는 여성 황제를 뜻하는 말로, 그의 세례명은 '예카테리나 2세 알렉세예브나'다

27 군주국가에서 최고 지도자는 '왕', 제국에서 최고 지도자는 '황제'라고 불리며 일반적으로 황제는 왕보다 높은 지위를 가짐

28 예카테리나의 영어식 표현

29 엘리자베타 페트로브나(Елизаве́та Петро́вна, 1709-1762), 러시아 제국 6대 황제이자, 세계적 수준의 대학인 모스크바 대학을 설립한 인물

30 예카테리나 알렉세예브나(Екатери́на Алексе́евна, 1684-1727), 러시아 제국 2대 황제이며 주로 예카테리나 1세라고 불림

31 엘리자베타 황제는 예카테리나가 전염성이 심한 폐렴을 앓던 때에도 직접 포옹하며 위로해주는 등 각별함을 드러낸 것으로 알려져 있다

32 세계 3대 박물관 중 에르미타주를 제외한 영국의 대영박물관과 프랑스의 루브르 박물관은 많은 작품들이 약탈과 탈취를 통해 수집됐다

33 이성의 힘과 인류의 무한한 진보를 믿으며 현존질서를 타파하고 사회를 개혁하려는 데 목적을 뒀던 16~18세기 시대적인 사조(思潮)

34 예카테리나가 재위했을 때, 유럽의 당대 계몽주의 철학자들은 '철학자가 왕이 됐다'며 열광했다고 한다

35   예카테리나 대제는 계몽주의적 희곡을 쓰고, 계몽주의자들과 서신을 교류했을 정도로 개인적으로는 계몽주의자였다고 평가되기도 한다

36   예카테리나 다쉬코바(Екатерина Dashkov, 1743-1810), 원래 이름은 예카테리나 보론초파이며, 예카테리나 대제와 구분하기 위해 그의 성인 '다쉬코바'로만 서술함

37   예카테리나는 후궁남을 20명 정도 거느렸다고 하며, 일부 학자는 그에게 300여 명의 연인이 있었다고 기록하고 있다

38   예카테리나의 아들 파벨 1세는 예카테리나가 자신의 부친을 살해하고 자신의 자리를 빼앗다 생각해 그에게 심한 반감을 갖고 있었다

39   측천무후(則天武后, 624-705), 5,000년이 넘는 중국 역사의 200명이 넘는 왕 중 유일한 여성 황제로, 재임기간 중 단 한 번의 농민반란 없이 민생을 안정시켰다. 예카테리나와 마찬가지로 스스로 제위에 올랐다

40   표트르 1세(Пётр I Великий, 1672-1725), 대제라고 불리는 남성 황제로, 옐리자베타 황제의 부친이자 예카테리나 1세의 남편

41   기독교를 기반으로, 청년의 지식 함양과 올바른 육성을 위해 설립된 교육기관

42   Kristliga Foreningen av Unga Kvinnor의 약자로 1855년에 설립된 스웨덴의 여성 기독교 단체

43   평화와 자유를 위한 국제여성연맹의 정기회의를 지칭하는 단어로, 1928년 스톡홀름에서 개최돼 세계평화를 위한 정치적, 경제적, 사회적, 윤리적 요인들의 중요성을 다룸

44   사로지니 나이두(Sarojini Naidu, 1879-1949), 시인이자 간디와 함께 인도를 이끈 정치인으로, 인도 여성으로서는 최초로 인도 국민회의 의장을 맡았던 여성 장관

45   마하트마 간디(Mohandas Gandhi, 1869-1948), 정치가이자 인도 독립운동을 지도한 독립운동가

46   1885년 설립된 중도 좌파 성향 정당으로 창당됐을 당시, 영국의 식민지 중에서 처음으로 일어난 민족주의 계파 단체였다. 19세기 후반, 특히 1920년대부터 인도 독립운동의 주체로 활동했다

47   신분, 재산, 직업 따위가 비슷한 사람들로 형성되는 집단이나 그렇게 나뉜 사회적 지위를 없애자는 운동

48   인도 아그라에 위치한 무굴 제국의 대표적 건축물로, 무굴 제국의 황제 샤자한이 자신의 부인을 기리기 위해 지은 건물

49   국가의 법이나 정부 내지 지배 권력의 명령 등이 부당하다고 판단했을 때, 이를 공개적으로 거부하는 행위. 이 운동이 정당화되기 위해서는 되도록 비폭력적이어야 하고, 처벌을 감수해야 하며, 목적이 정당해야 한다

50   농민교본이라고도 하며, 일제강점기 농촌 개혁 및 부흥운동을 전개하기 위해 독립운동가 윤봉길이 만든 책

51   고혈압의 증세와 함께 종종 많은 양의 단백뇨가 배출되는 임신질환

52 사로지니 나이두의 조카와 인도에서 긴밀한 관계를 가졌다는 기록이 있지만, 정확히 어떤 사이였는지는 확실하지 않다

53 미국의 비행기 조종사 출신의 비행가, 작가, 발명가, 탐험가, 사회활동가. 1927년 5월 20일, 단독으로 뉴욕-파리 무착륙 대서양 횡단 비행에 성공해 '하늘의 왕'이라는 찬사를 받았다

54 조지 고든 바이런(George Gordon Byron, 1788-1824), 바람둥이의 일대기를 다룬 《돈 주앙》을 쓴 영국의 시인

55 앤 이자벨라 밀뱅크(Anne Isabella Milbanke, 1792-1860), 영국의 수학자로 일부 기록에서는 그의 이름을 앤 이자벨라(Anne Isabella)를 줄인 애칭인 아나벨라(Anabella)라고 부름

56 오거스터스 드모르간(Augustus De Morgan, 1806-1871), 수학 논리학과 집합론에 쓰이는 드모르간의 법칙을 만든 영국의 수학자

57 메리 서머빌(Mary Somerville, 1780-1872), 왕립 천문학회의 첫 여성 회원이 된 영국의 수학자이자 천문학자

58 배비지의 친구로는 나이팅게일, 다윈, 디킨스 등 많은 유명인이 있었고, 내로라하는 유명인이 가득한 그의 연회에 참여하기 위해서는 세 가지 자격조건인 지력, 아름다움, 계급 중 하나를 만족해야만 했다

59 고유한 연구를 다루는 논문으로 과학문헌의 1차 출처가 되는 논문

60 거듭제곱수의 합, 삼각함수의 멱급수 따위의 다양한 공식에 등장하는 유리수 수열이자 해석기관의 계산에 사용되는 중심 알고리즘

61 수 챠먼 앤더슨(Suw Charman-Anderson, 1971-현재), 영국의 저널리스트, 작가, 컨설턴트이자 활동가

62 파세노프 나이팅게일(Parthenope Nightingale, 1819-1890), 영국의 작가이자 저널리스트로 문학과 예술에 재능이 있어 5권의 소설을 출판했으며, 계급 도덕성 및 전쟁의 불행 등 각종 사회문제를 다룬 에세이도 저술했다

63 메리 클라크(Mary Elizabeth Clarke Mohl, 1793-1883), 19세기 파리 정치계의 중심 인물이자 당대 저명한 인물들 사이에서 토론을 주도하며 여성의 삶 변화의 토대를 마련한 세대 중 한 명

64 셸리나 브레이스브릿지(Selina Brace-bridge, 1800-1874), 영국 예술가이자 의료개혁가 및 여행작가로 플로렌스의 절친한 친구이자 크림 전쟁 당시 야전병원으로 함께 떠난 인물

65 시드니 허버트(Sydney Herbert, 1853-1913), 크림 전쟁 당시 총괄 책임자이자, 플로렌스의 일을 도운 조력자

66 메리 나이팅게일(Mary Nightingale), 플로렌스와 줄곧 편지를 주고받았으며 함께 수학을 공부하기도 했던 친밀한 사이이자, 크림 전쟁 당시 야전병원으로 함께 떠난 인물

67 2차 세계대전의 연합국은 영국·미국·소련·중화민국을 기준으로 연합군을 형성해 독일·이탈리아·일본 추축국에 대항했다

68 Frequency-Hopping Spread Spectrum Communication 이후 대역확산통신기술(SS)과 코드분할다중접속기술(CDMA)로 발전됐고, 이는 주로 이동통신기술에 널리 쓰이고 있다

69 세계 최대의 여성 기술자 모임으로 1994년 아니타 보그와 텔러 휘트니가 공동 창립했으며, 컴퓨팅 분야에서 여성의 연구 및 직업에 대한 토론이나 네트워킹 및 멘토링 등을 제공하는 행사

70 1861년 설립됐으며 미국에서 처음으로 여성에게 학위를 수여한 교육기관. 설립 당시 여성만 입학할 수 있어 미국 북동부의 초창기 여자대학으로 손꼽혔으나 1969년 이후 공학으로 변경됐다

71 각 대학에서 상위 10% 이내로만 선발해 초청하는, 미국에서 가장 오래된 엘리트 모임이자 학술 명예 협회

72 Women Accepted for Volunteer Emergency Service. 1942년 7월 21일에 설립됐으며 가입한 여성들은 바다로 가는 것을 제외한 모든 분야의 일을 맡아 국가를 위해 봉사함

73 하워드 에이킨(Howard Aiken, 1900-1973), 최초의 전기계산식 계산기인 마크 I을 개발했으며 0세대 컴퓨터 시기의 대표적 인물

74 ENIAC(Electronic Numerical Integrator And Computer). 1946년 2월 14일 펜실베이니아 대학의 모클리와 에커트가 제작한 전자식 숫자 적분 및 계산기

75 프로그램에서 필요할 때마다 되풀이해서 사용할 수 있는 프로그램

76 Open Source Software. 저작권자가 소스 코드를 공개적으로 접근할 수 있도록 해, 누구나 특별한 제한 없이 자유롭게 사용·복제·배포·수정할 수 있는 소프트웨어

77 그의 이름은 김점동, 김에스더(에스터), 박에스더(에스터)였으며, 김정동은 잘못된 표현이지만, 신문과 같은 매체에서조차 김정동으로 표기하는 경우가 많다

78 이화여자고등학교와 이화여자대학교의 전신

79 이화학당 전에도 정부 차원의 영어 교육기관인 동문관과 육영공원이 있었지만, 소수의 남자들에게만 배움이 허락됐다

80 '보구녀'와 '관'의 합성어이며, 현재 이화여자대학교 의과대학과 의료원의 전신이다. 현대 많은 사료에서 보구여관(保救女館)이라 잘못된 표현으로 쓰이기도 한다

81 메타 하워드(Meta Howard, 1862-1930), 보구여관의 초대 원장으로, 진료를 위해 한국어를 배웠으며 6일 만에 한글을 읽을 수 있었다고 함

82 졸업생들이 종종 존스 홉킨스 의과 대학으로 진학할 정도로 뛰어난 의학 교육을 한 교육기관이었으며, 일부 사료에서는 해당 대학이 현 존스 홉킨스 의과대학의 전신이라고 표기하기도 함

83 양의사라는 표현에 대해서는 의료계 의견이 분분하지만, 이 책에서는 김점동 이전의 여성 의료인(예: 의녀)과 구분하기 위해 서양·근대 의학을 처음 배우고 실행했다는 의미로 '양의사'라는 표현을 사용함

84 독신으로 살았고 영어에 능했으며, 일부 사료에서는 김배시(Bassie Kim)라고 부르기도 한다

85 지연분만 등의 이유로 방광과 질이 연결되는 경우를 말하며, 질에서 소변이 나오는 증상을 동반함

86 김란사(金蘭史, 1872-1919), 일본 및 미국 유학 후 이화학당에서 학생을 가르쳤던 교사이자 유관순 열사의 스승

87 윤정원(尹貞媛, 1883-?), 일본과 유럽에서 유학 후 여성 교육자로 활동하며 황후의 가정교사로도 일했다. 추후 독립운동을 함

88 조선 최초의 양의사는 서재필, 김익남 그리고 김점동 순이고, 서재필과 김점동이 의사가 된 시기는 불과 8년 차이밖에 나지 않는다

89 편견이나 고정관념에 따른 부정적인 낙인이 찍히면 실제로 행태가 나쁜 쪽으로 변해가는 현상

90 학구열 높은 여성에게는 필요 이상으로 지식을 탐한다며 비난하던 시대지만, 보란 듯이 학업을 이어나간 수전의 성격을 표현하기 위해 사용함

91 일반적으로 사람이 인간, 자연, 사회에 대해 규정짓는 현실적이며 이념적인 의식의 형태를 가리킨다

92 만들어진 모습에 의해 기억할 만한 사건

93 버지니아 울프(Virginia Woolf, 1882-1941), 20세기 영국 모더니즘 문학의 가장 중요한 작가 중 한 명이자 선구적 페미니스트

94 물질주의에 의해 사로잡힌 주류적 삶의 양식인 노동, 질서, 가족을 버리고 다양한 형태의 쾌락주의를 추구했던 운동

95 국가를 가장 우월적인 조직체로 인정하고 국가 권력이 경제나 사회 저책을 통제해야 한다고 주장하는 신조

96 오지 않는 고도를 기다리는 두 주인공의 의미 없는 대화는 현대인의 고독과 소외된 삶을 상징한다. 당신은 누구를 기다리는가. 그리고 지금 당신은 무엇을 말하고 있는가. 기다려도 오지 않는 그 무엇에 대한 절절한 그리움이 배어나오는 전후 부조리극의 고전

97 참여자 수뿐만 아니라 참여하는 출판사의 수에 비춰봤을 때, 세계에서 가장 큰 도서전

98 슈바르츠의 제안으로 1950년 만들어진 상으로 평화와 인권, 국제 간 상호이해에 공헌한 사람에게 수여함

99 매년 하얏트 재단이 건축예술을 통해 재능과 비전, 책임의 뛰어난 결합을 보여줘 사람들과 건축 환경에 일관적이고 중요한 기여를 한, 생존한 건축가에게 수여하는 상. 수상자 선정 과정이나 권위과 노벨상과 유사해 '건축계의 노벨상'으로도 불림

100 매년 영국 왕립건축가협회(RBA)에서 지난 1년간 건축의 진화에 가장 큰 기여를 한 건축가에게 수여하는 상

101 Architectural Association School of Architecture, 영국 왕립 건축가 협회와 영국 건축가 등록 심의회에 인정받고 있는 대학 및 대학원 과정

102 카지미르 말레비치(Kazimir Malevich, 1878-1935), 러시아의 화가이자 추상예술의 개척가. 1931년부터 그에 의해 시작된 슈프리머티즘(Suprematism)은 절대주의를 뜻하는 말로, 제한된 범위의 색상으로 칠해진 원, 사각, 선과 같은 기본적인 기하학적 형태에 초점을 맞춘 예술 운동을 일컬음

103 1975년에 렘 쿨하스, 엘리아 젱게일리스 등이 함께 설립한 건축, 도시 및 문화 분석을 수행하는 세계적인 건축 사무소

104 피터 라이스(Peter Rice, 1935-1992), 시드니 오페라 하우스를 지은 아일랜드의 건축가

105 스위스에 본사를 두고 있는 가구 회사로, 세계적으로 유명한 가구 디자이너들이 가구를 제작함

106 아랍 지역의 전통적인 배로, 모터 없이 바람을 이용해 동력을 얻는 이동수단